中国語会話

すぐに使える短いフレーズ

CDつき 2枚

仕事・旅行・日常生活あらゆるコミュニケーションを総まとめ。

高橋書店

はじめに

　中国は、日本人の歴史に古くから深くかかわっています。その中国が日本の重要なビジネスパートナーの一員となってきたのは比較的最近のことですが、その重要度は、驚くほどのスピードで増し続けています。それに伴って、人と人との交流も各方面にわたるようになってきており、単なる観光や交易から大きく踏み込んで、生活やビジネスの場面での深い交流への期待が高まっています。

　本書は、そうした背景を受けて制作されました。一般的な旅行、買い物、食事の会話はもちろんのこと、日々の暮らしや友人との話題作りの会話まで、留学、就学、就労、長期滞在、出張といった場面をも想定しています。ビジネスに関しては、電話での受け答えから、挨拶、応対のほか、社内でのコミュニケーションに至るまで、どのように表現するかを丁寧に例示しました。

　本書ではタイトルにもあるように、極力「短いフレーズ」を心掛けています。内容をくわしく伝えようとするあまり、かえって複雑な会話になり誤解を招いてしまうことも多々あります。それより、端的でストレートな表現で誤解のないように発言する。これは、異なった文化風土で成長した者同士がコミュニケーションを取ろうとしたとき、一番はじめに心掛けるべきことでしょう。中国語は、論理的に組み合わされ、部品化された言語ですから、そうした意味でも、一つ一つの短いフレーズをしっかり押さえて積み重ねていくように構成された本書は、初学者にとって便利なツールとなるでしょう。

　また、本書にはCDが2枚付属しています。日本人にとって難しいとされる中国語の発音は、繰り返し聴いてまねることが上達への第一歩です。そのため本書では、初学者のとりあえずの拠り所となる「カタカナ表記」を読みやすく掲載しました。ただ、慣れるに従って、正式な発音表記であるローマ字の「ピンイン」に目を向けるようにしてください。聴き取りができるようになった耳には、カタカナ表記以上に役立つことでしょう。

　本書が、読者の皆様が中国語でコミュニケーションを取るうえでの一助となることを願っております。

著　者

本書の使い方

本書は第1部と第2部で構成されています。付属のCDも、第1部、第2部でそれぞれ別々になっていますので、用途に合わせて使い分けてください。

各CDは細かくトラック分けされており、トラック番号は、総目次と各項目見出しの両方に表示されていますので、簡単に聴きたい箇所を読み出すことができます。学習項目を絞っての繰り返し視聴に役立ててください。

第1部、第2部それぞれの内容や、本文ページ構成は、以下のようになっています。

第1部

第1章では中国語の「文字」「発音」「文法」の知識を簡単にまとめています。第2章以降、丸暗記しておきたい「基本フレーズ」を中心に、代名詞や数字、時刻、年月日の表現、簡単な文型を作るコツなど、〈基本の基本〉を整理して紹介しました。

項目タイトル
取り上げるフレーズのカテゴリーです。

CDのトラックNo.
会話学習に必要な（聴きたい）CDの検索が簡単にすばやくできるように工夫されています。
①カテゴリーに属するすべてのCDトラックNo.
②このフレーズが収録されているCDのトラックNo.
③このページが収録されているCDトラックNo.

項目細分類タイトル
カテゴリーを細分類してフレーズをまとめています。

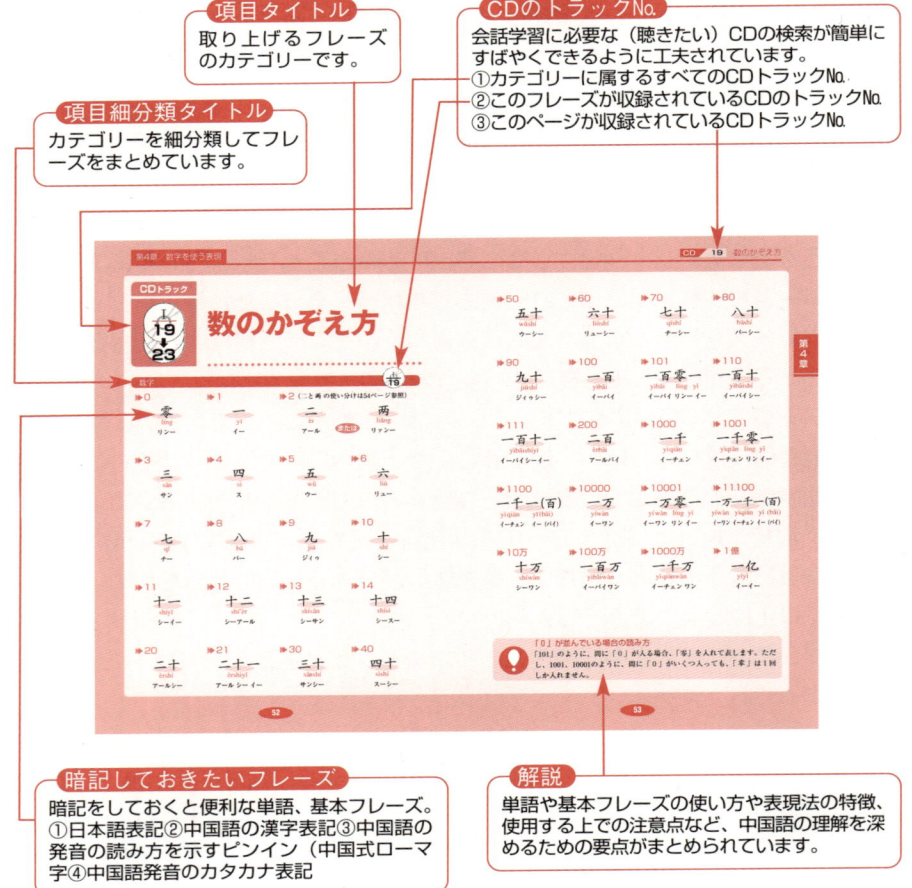

暗記しておきたいフレーズ
暗記をしておくと便利な単語、基本フレーズ。
①日本語表記②中国語の漢字表記③中国語の発音の読み方を示すピンイン（中国式ローマ字④中国語発音のカタカナ表記

解説
単語や基本フレーズの使い方や表現法の特徴、使用する上での注意点など、中国語の理解を深めるための要点がまとめられています。

第2部

中国での会話で必要な動作や感情の表現、仕事や生活、交際など、実践に即した7つのジャンル（章）で構成されています。日常会話や観光にも役立つフレーズを多数取り上げています。交換単語でさらに幅広い会話ができるように工夫しています。

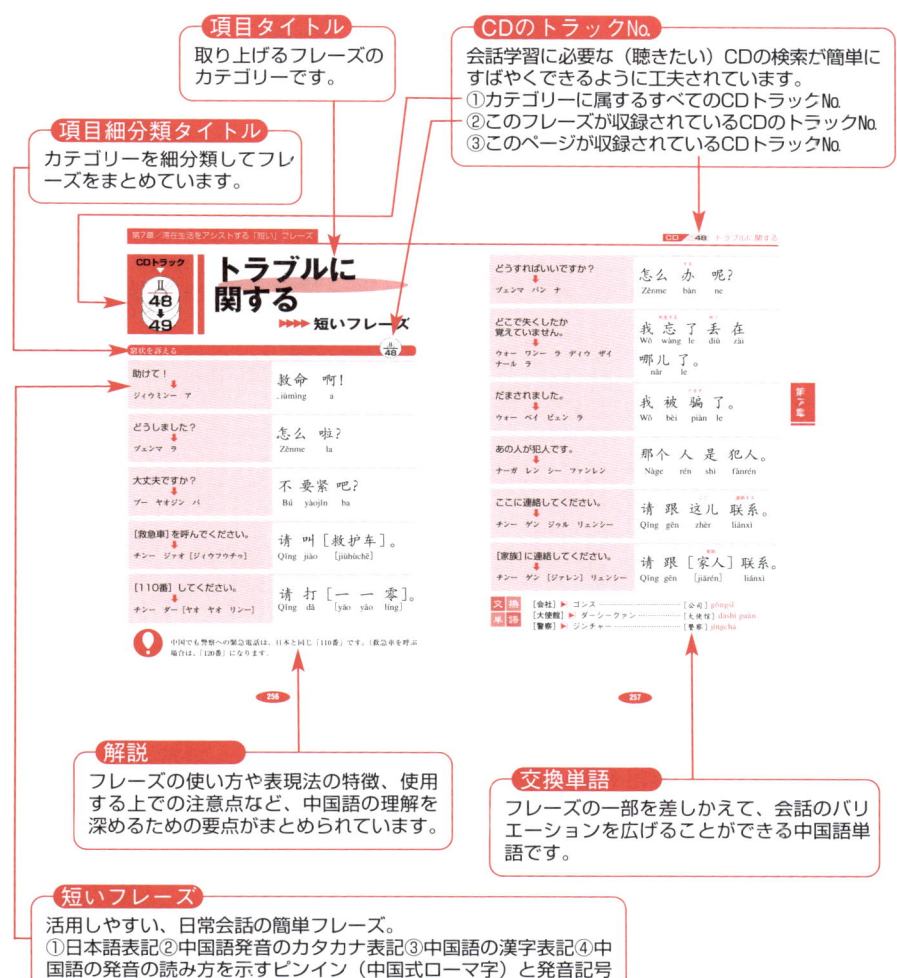

項目タイトル
取り上げるフレーズのカテゴリーです。

CDのトラックNo.
会話学習に必要な（聴きたい）CDの検索が簡単にすばやくできるように工夫されています。
①カテゴリーに属するすべてのCDトラックNo.
②このフレーズが収録されているCDのトラックNo.
③このページが収録されているCDトラックNo.

項目細分類タイトル
カテゴリーを細分類してフレーズをまとめています。

解説
フレーズの使い方や表現法の特徴、使用する上での注意点など、中国語の理解を深めるための要点がまとめられています。

交換単語
フレーズの一部を差しかえて、会話のバリエーションを広げることができる中国語単語です。

短いフレーズ
活用しやすい、日常会話の簡単フレーズ。
①日本語表記②中国語発音のカタカナ表記③中国語の漢字表記④中国語の発音の読み方を示すピンイン（中国式ローマ字）と発音記号

付録・索引

日本人に多い姓200と男女別名前の中国語による表記と発音を紹介しています。また、本書で取り上げた全フレーズを日本語の50音順で網羅した総索引を入れています。自分の話したいことがすぐに探せるようになっています。

中国語会話 すぐに使える短いフレーズ
CONTENTS

本書の使い方…4

第1部

第1章 これだけで中国語の基本がわかる 〜文字・発音・文法〜

中国語の文字 …………………………………………………………… 12
簡体字と日本の漢字…12／簡体字の特徴…13

中国語の発音 …………………………………………………………… 15
声調について…15／四声…15／軽声…16／声調の変化…17
ピンインとカタカナ表記について…19／中国語の早口言葉…20

中国語の文法 …………………………………………………………… 21
法則1. 基本は主語＋述語…21／法則2.『是』『在』『有』でこれだけ話せる…22
法則3. 動詞は時制や人称で変化しない…24
法則4. これだけで否定文になる…25／法則5. これだけで疑問文ができる…26

第2章 これだけは丸暗記しておきたい 基本フレーズ編

- はっきりと肯定する 短いフレーズ ……………………………… 30
- はっきりと否定する 短いフレーズ ……………………………… 31
- いきいきと挨拶する 短いフレーズ ……………………………… 32
- 感謝とおわびの 短いフレーズ …………………………………… 34
- 相手に同調する 短いフレーズ …………………………………… 35
- きっかけをつくる呼びかけの 短いフレーズ …………………… 36
- あわてないで話すための 短いフレーズ ………………………… 37
- ひと言でぴしゃりと断る 短いフレーズ ………………………… 38
- 買い物で使える 短いフレーズ …………………………………… 39
- 会話をスムーズにするあいづち・合いの手の 短いフレーズ …… 40
- 欲しいものをきちんと伝える 短いフレーズ …………………… 43

CONTENTS

第3章　これだけは丸暗記しておきたい　代名詞

- CD I 16　指さしだけでわかってもらえる「物」 …… 46
- CD I 17　指さしだけでわかってもらえる「場所」 …… 47
- CD I 18　人を表現する代名詞・名詞 …… 48

第4章　数字を使う表現

- CD I 19 ▼ 23　数のかぞえ方 …… 52
  数字…52／「二」と「両」の使い分け…54／序数詞…54／さまざまな数の表し方…55
  数式の表し方…55
- CD I 24 ▼ 30　さまざまな単位 …… 56
  通貨の単位…56／長さの単位…56／面積の単位…57
  体積・容積の単位…58／重さの単位…58／電流の単位…59／その他…59
- CD I 31　主な助数詞（数量詞） …… 60
- CD I 32　年齢の表し方 …… 66
  孔子の『論語』が基になった年齢を表す表現…66
- CD I 33　数字を使わないさまざまな表現 …… 67
- CD I 34 ▼ 37　年・月・日の表し方 …… 68
  年の読み方…68／1月～12月の読み方…68／日付の読み方…69
  年・月・日のさまざまな表し方…69
- CD I 38　曜日の表し方 …… 71
- CD I 39　時刻・時間の表し方 …… 72
  さまざまな時刻の表し方…73／時間の表し方…73／1日の時間…74

第5章　これだけは丸暗記しておきたい　短いフレーズによる質問

- CD I 40　いつ・いつから・いつまで …… 76
- CD I 41　ちょっとおたずねします …… 78
- CD I 42　どうしたのですか？ …… 80
- CD I 43　違いますか？ …… 81
- CD I 44　これは何ですか？ …… 82
- CD I 45　私の荷物はこれですか？ …… 84
- CD I 46　ここはどこですか？ …… 86
- CD I 47　なぜ泣くのですか？ …… 88
- CD I 48　どうしてこんなに安いのですか？ …… 90

第2部

第1章 動作・感情・形態を表現する短いフレーズ

- CD II 1　短いフレーズで主張する ……………………………… 94
- CD II 2　短いフレーズで依頼する ……………………………… 98
- CD II 3　短いフレーズで許可を求める ………………………… 100
- CD II 4　短いフレーズで断る …………………………………… 102
- CD II 5　短いフレーズで感謝する／おわびする ……………… 104
- CD II 6　短いフレーズで気持ちを表現する …………………… 106
  - 感情を表す…106／時制を加えて感情を表現する…107
  - 「とても」「少し」「あまり」で程度を表す…108／感想を述べる…108
  - 「恥ずかしさ」には2種類ある…111
  - 「もう」「まだ」「きっと」を使って状況を説明する…111
- 7　「信じる」「疑う」のバリエーションを覚える…112
- CD II 8　短いフレーズで形態と色を表す ……………………… 114
- 9　形態／形状…114／色…118

第2章 仕事で使える短いフレーズ

- CD II 10　電話に関する　短いフレーズ ………………………… 122
  - 電話をかける…122／電話を受ける…124／不在の場合の答え方…125
- CD II 11　挨拶する／応対する　短いフレーズ ………………… 128
  - 受付で…128／取り次ぐ…129／出迎える…131／自己紹介…132
  - 人を紹介する…134／名刺交換…135／会社・工場を案内する…136
- 13　別れるときの挨拶…137
- CD II 14　社内でコミュニケーションを取る　短いフレーズ … 138
  - 出社時…138／退社時…138／仕事中…140／指示／説明…141
- 16　叱る／ほめる／気遣う　短いフレーズ ……………………… 144

第3章 雑談に使える短いフレーズ

- CD II 17　声をかける　短いフレーズ …………………………… 148
- CD II 18　友情を結ぶ　短いフレーズ …………………………… 150
- CD II 19　暮らしや仕事を話題にする　短いフレーズ ………… 152
- CD II 20　気候や天気を話題にする　短いフレーズ …………… 156
- CD II 21　休日や趣味を話題にする　短いフレーズ …………… 160

- CD II-22 夢を話題にする　短いフレーズ …………………………………………… 164

第4章　交際に使える短いフレーズ

- CD II-23 付き合いに誘う　短いフレーズ ……………………………………… 168
  - さまざまな誘い…170／誘いへの返答…171
- CD II-24 待ち合わせに関する　短いフレーズ ………………………………… 172
  - 時間を決める…172／場所を決める…174／さまざまな待ち合わせ…176
- 25 予期せぬ事態に…176
- CD II-26 招待する　短いフレーズ ………………………………………………… 178
- CD II-27 訪問先で使える　短いフレーズ ……………………………………… 180
  - 挨拶／雑談…180／会食での会話…183／さまざまな祝い事…184
- 28 別れの挨拶…185

第5章　毎日の生活で使える短いフレーズ

- CD II-29 銀行で使える　短いフレーズ …………………………………………… 188
  - 両替する…188／銀行口座を開く…189／預金の出し入れ…190
  - 振り込む…191／その他…191
- CD II-30〜32 交通に関する　短いフレーズ ………………………………………… 192
  - 電車・バスに乗る…192／車内での会話…195／タクシーに乗る…198
- CD II-33 道をたずねる／道を教える　短いフレーズ ……………………… 200
- CD II-34 郵便・宅配便に関する　短いフレーズ ………………………………… 202
  - 封筒の体裁と宛名の書き方…205
- CD II-35 電話に関する　短いフレーズ ……………………………………………… 206
  - 電話をかける…206／電話を受ける…207／不在の場合の答え方…208
  - 電話局との会話…208／留守電で使えるフレーズ…209
- CD II-36 食事に関する　短いフレーズ ……………………………………………… 210
- CD II-37 買い物に関する　短いフレーズ …………………………………………… 216
  - 売り場をたずねる／営業時間をたずねる…216／選ぶ／交渉する…218
- 38 支払う…221

第6章　旅行で使える短いフレーズ

- CD II-39 ホテルで使える　短いフレーズ …………………………………………… 224
  - 交渉／チェックイン…224／室内・施設での要望・トラブル…226
- 40 チェックアウト…229

| CD II 41 | 観光地で使える　短いフレーズ | 230 |

　　▼　記念撮影…230／名所・美術館・博物館に行く…232／観光案内所で…233
　　42　ショー・映画を観る…234

第7章　滞在生活をアシストする短いフレーズ

| CD II 43 | 住まいに関する　短いフレーズ | 238 |

　　44　部屋を借りる…238／さまざまな交渉…242／近所に挨拶する…244

CD II 45	銭湯に関する　短いフレーズ	246
CD II 46	理髪店・美容院に関する　短いフレーズ	248
CD II 47	医療に関する　短いフレーズ	250

　　　病院に行く…250／症状を伝える…251／状況を説明する…253
　　　薬局に行く…254

| CD II 48 | トラブルに関する　短いフレーズ | 256 |

　　49　窮状を訴える…256／盗難／紛失…258／事故…259／火災…260／届け出…261

| 付録 | 自分の名前を中国語で表現する | 262 |
| | 50音引フレーズ索引 | 270 |

単語・表現集

国名を表す単語	44
中国の省名を表す単語	50
動作・感情を表す単語	89
さまざまな形容詞①②	90,91
地理・地形と天文に関する単語	92
形態を表す単語	117
色を表す単語	119
台所と調理に関する単語	120
会社の部署と役職を表す単語	127
経済産業・ビジネス活動に関する単語	146
都市名・地域名の単語	153
職種・業種を表す単語	154
季節・天候を表す単語	159
行動・趣味に関する表現	161
娯楽に関する単語	163
中国の祝祭日と伝統行事に関する知識と単語	166
場所を表す単語	175
住まいと家具・インテリアに関する単語	186
方向・目標となる建物などの単語	197
メニュー（中華）の単語	214
メニュー（日本料理）の単語	215
食材と調味料などに関する単語	222
屋内での単語	229
禁止の表現	231
中国の文化と歴史を知ることのできる名所	236
病気・けがに関する単語	254
身体部位を表す単語	255

▶▶▶ 中国語会話 **すぐに使える短いフレーズ**

第1部

これだけで中国語の
基本がわかる
~文字・発音・文法~

第1章／これだけで中国語の基本がわかる―文字・発音・文法

中国語の文字

簡体字と日本の漢字

　現代の中国で使用する文字を「**簡体字**」といいます。簡体字は日本語の漢字と同じ文字から派生しているので、漢字と同じ字体、あるいは似ている字体の簡体字もあり、日本人にとっては親しみやすい文字なのではないでしょうか？

　ただ、中には字体が同じでも全く別の文字として使われているものや、日本語の熟語とは別の意味で用いられているものもあるので、同じ字体だからといって安心はできません。文字と意味との関係に「なるほど」と感心するような違いを発見することもあれば、あまりの違いに驚くこともあるでしょう。そのため、日本語の文字の意味にとらわれずに「簡体字」として覚える習慣を付けることをおすすめします。

　同じもの、違うものの実例を、いくつか見てみましょう。

▶ **字体が同じで意味も同じ例**

政治	⟷	政治
能力	⟷	能力
感情	⟷	感情
真心	⟷	真心
利益	⟷	利益

中国語の文字

▶ 字体が同じ、または似ていても意味が違う例

愛人　→　妻
手紙　→　トイレットペーパー
湯　　→　スープ
机　　→　機械
工作　→　仕事
顔色　→　色
勉強　→　強要する、ぎりぎり
大丈夫　→　一人前の男

● 簡体字の特徴

　簡体字を部首ごとに見てみると、一定のパターンがあることがわかります。以下に代表的な部首の例を示します。

言→	計→计	訓→训	許→许
食→	餃→饺	餅→饼	飾→饰
糸→	紅→红	紙→纸	約→约
金→	鉄→铁	錨→锚	銭→钱
馬→	駿→骏	騒→骚	駆→驱
車→	軟→软	軽→轻	軒→轩
貝→	則→则	財→财	員→员
見→	視→视	規→规	覚→觉
魚→	鮮→鲜	鯉→鲤	鮎→鲇
鳥→	鴨→鸭	鳴→鸣	鴉→鸦
頁→	頂→顶	題→题	順→顺
門→	閲→阅	閃→闪	間→间

そのほか、参考までにいくつかの簡体字を示します。日本語の漢字とどのような違いがあるかを見てみてください。字体の変化がそのまま部首に生かされるとは限らないことや、かなり大胆な字体の簡略化が行われていること、また、そうした簡略化によって「麺」→「面」のように日本語では別の漢字と同じになってしまう例があることなどがわかります。

①日本語の漢字と似ていて間違いやすい簡体字

圧 → 压	員 → 员	画 → 画	海 → 海
経 → 经	骨 → 骨	項 → 项	黒 → 黑
単 → 单	長 → 长	島 → 岛	負 → 负
変 → 变			

②日本語の漢字と一部が違う簡体字

愛 → 爱	運 → 运	営 → 营	遠 → 远
園 → 园	億 → 亿	機 → 机	橋 → 桥
済 → 济	場 → 场	動 → 动	風 → 风

③日本語の漢字の一部のみが残っている簡体字

雲 → 云	厭 → 厌	開 → 开	関 → 关
気 → 气	亀 → 龟	競 → 竞	業 → 业
広 → 广	雑 → 杂	電 → 电	飛 → 飞
麺 → 面	録 → 录		

④日本語の漢字と異なる形の簡体字

亜 → 亚	為 → 为	義 → 义	興 → 兴
歳 → 岁	買 → 买	氷 → 冰	豊 → 丰
無 → 无	夢 → 梦	葉 → 叶	

中国語の発音

声調について

　一つの音節の中での、声の調子の上がり下がりを「**声調**」と言いますが、中国語は、この声調をフルに活用する言語であることが最大の特徴です。

　日本語にも、「端」「橋」「箸」のように、「ハシ」という音が声の上がり下がりによって異なった言葉になる例があります。しかし、中国語では、原則として一つ一つの漢字のすべてが声調を持ち、声調の違いで意味を識別するのです。言わば、メロディが重要な役割をする言語ということです。

　中国語の声調は「**四声**」と総称される4種類の声調を基本としています。これは中国語を発音するうえでとても大切なことですから、しっかりと練習してください。

四声

第一声　高めで平らにのばして発音　　―
［例］妈　［mā］

第二声　中間から高めに一気に上げて発音　　／
［例］麻　［má］

第三声　低めからさらに一段下げ、その後高めに上げて発音　　∨
［例］马　［mǎ］

第四声　高めから一気に低めへ下げて発音　　＼
［例］骂　［mà］

各声調の高低の度合いを図にすると、次のようになります。

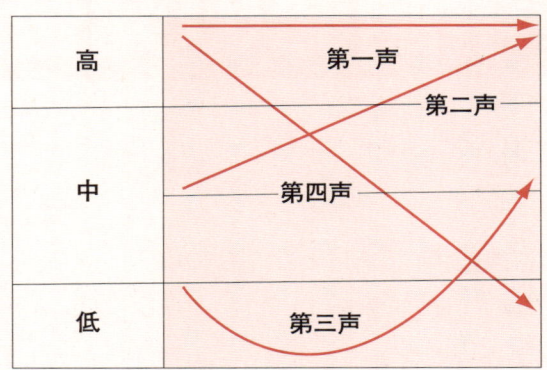

軽声

中国語の声調には、直前の音に添えるように軽く短く発音されるものがあり、これを「**軽声**」といいます。本来持っている声調が失われ、音の高さは直前の音の声調によって微妙に変化します。

習慣的に軽声となるものもありますが、基本的には次に示す場合に軽声となります。軽声には声調符号は付きません。

① **動詞、または名詞を重ねたときの後ろ部分**

　［例］看看 kànkan　　走走 zǒuzou
　　　　爸爸 bàba　　　妈妈 māma

② **接尾詞、助詞など**

　［例］你好吗 nǐ hǎo ma
　　　　我的书 wǒ de shū

声調の変化

文字の組み合わせによっては、声調が変化することがあります。

①第三声の音が連続した場合は、はじめの音が第二声に変化します。

　　　第三声＋第三声　⇒　第二声＋第三声

　　　［例］你好　nǐhǎo　ニーハオ

②第三声の音が3つ連続した場合は、前の2つの音が第二声に変化します。

　　　第三声＋第三声＋第三声　⇒　第二声＋第二声＋第三声

　　　［例］请给我　qǐng gěi wǒ　チンー　ゲイ　ウォー

③第一声、第二声、第四声とほとんどの軽声の前にくる第三声は半三声（第三声の前半の低いところしか発音しないもの）に変化します。

　　　第三声＋第一声　⇒　半三声＋第一声

　　　［例］简单　jiǎndān　ジェンダン

　　　第三声＋第二声　⇒　半三声＋第二声

　　　［例］满足　mǎnzú　マンヅウ

　　　第三声＋第四声　⇒　半三声＋第四声

　　　［例］走运　zǒuyùn　ヅォウユィン

④「不」が第四声の音の前にある場合と、第四声から変化して軽声になった音の前にある場合は第二声として発音します。

　　　「不」＋第四声　⇒　「不（第二声）」＋第四声

　　　［例］不是　búshì　ブーシー

⑤「不」が第一声、第二声、第三声の音の前にある場合は第四声のまま発音します。

  「不」＋第一声　⇒　「不（第四声）」＋第一声
  ［例］不安　bù'ān　ブーアン
  「不」＋第二声　⇒　「不（第四声）」＋第二声
  ［例］不来　bùlái　ブーライ
  「不」＋第三声　⇒　「不（第四声）」＋第三声
  ［例］不好　bùhǎo　ブーハオ

⑥「一」が第四声の音の前と第四声から変化して軽声になった音の前にある場合は第二声として発音します。

  「一」＋第四声　⇒　「一（第二声）」＋第四声
  ［例］一块儿　yíkuàir　イークァル

⑦「一」が第一声、第二声、第三声の音の前にある場合は、第四声として発音します。

  「一」＋第一声　⇒　「一（第四声）」＋第一声
  ［例］一天　yìtiān　イーティェン
  「一」＋第二声　⇒　「一（第四声）」＋第二声
  ［例］一年　yìnián　イーニェン
  「一」＋第三声　⇒　「一（第四声）」＋第三声
  ［例］一口　yìkǒu　イーコウ

ピンインとカタカナ表記について

　中国語の発音は、「ピンイン（拼音）」と呼ばれるアルファベットで表記された発音記号の上に、四声を表す**「声調符号」**を付けて表記されます。
　声調符号は母音の上に付けます。その優先順位は次のようになります。
　①「a」があるときには、必ずその上に付ける。例：mā lái
　②「a」がないときには、「o」「e」の上に付ける。例：hěn yǒu
　③「i」と「u」が並んであるときは後ろに付ける。例：diū duì
　また、iに声調符号を付けるときには、iの上の・を取って付ける。

　中国語には日本語にない音がたくさん含まれており、しかも声調という高低の変化もありますから、本書に付属したCDでしっかりと練習してください。

　本書では中国語の発音をカタカナでも表記しています。これは、初学者の発音習得の手助けになるように配慮したものですが、実際の発音を正確には表現しきれません。本書付属のCDをよく聴き、中国語の響きに慣れてきたら、ピンインと声調符号をよく見て発音するようにしてください。そのときに、音の上がり下がりをメロディを聴く要領で覚えるようにしてみましょう。声調符号の大切さも、よくわかることでしょう。
　なお、実際の会話の流れでの発音に近いカタカナで表現しようと努めた結果、個々の文字のピンインとカタカナが一致していないところもあります。本書で採用したカタカナ表現で特記すべきことは、以下の3点です。

①声調が一声の発音は平らに長くのばす傾向があるので、長音（「ー」）を付けて示したものがあります。
②声調が三声の発音は抑揚をきかせる傾向があるので、長音を付けて示したものがあります。
③ピンインの最後が「ng」で終わり、鼻を共鳴させて発音するものには、長音を付けて「ンー」と表記したものがあります。

中国語の早口言葉

　四声の練習に適した中国語早口言葉（绕口令　ràokǒulìng　ラオコウリン
ー）を紹介します。四声の異なる同じ音や日本人の不得意な音（zhi、chi、
shi、an、angなど）でできているフレーズですので、早口言葉で楽しみな
がら練習しましょう。

❶　四十四只 石狮子。
　　Sìshísì zhī　shíshīzi.
　（四十四個の石獅子。）

❷　和尚 端 汤 上塔, 塔 滑 汤 洒 汤 烫 塔。
　Héshang duān tāng shàng tǎ, tǎ huá tāng　sǎ　tāng tàng tǎ.
　（坊さんがスープを持って塔に登り、塔が滑りやすいので、坊さんが転んで、スープがこぼれて塔がやけどする。）

❸　妈妈 骑 马, 马 慢, 妈妈 骂 马。
　Māma　qí mǎ　mǎ màn　māma　mà mǎ.
　（お母さんが馬に乗り、馬が遅いので、お母さんが馬を罵る。）

❹　四 是 四, 十 是 十, 十四 是 十四, 四十 是 四十。
　Sì　shì　sì　shí　shì　shí　shísì　shì　shísì　sìshí　shì　sìshí
　（四は四、十は十、十四は十四、四十は四十。）

　十 不能 说成 四, 四 不能 说成 十。
　Shí bùnéng shuōchéng sì　sì　bùnéng shuōchéng shí
　（十を四に読んではいけない、四を十に読んではいけない。）

　谁 要是 分 不 清 四 和 十, 就 请 你 先 试一试。
　Shuí yàoshì fēn bu qīng sì　hé shí　jiù qǐng nǐ xiān　shìyishì
　（四と十を見分けられない人は、まず試してみよう。）

中国語の発音／文法

中国語の文法

第1章

中国語文法の基本を「5つの法則」として簡単にまとめました（なお、中国語の構成がつかみやすいよう、例文に中国語と語順が近い英語を併記しました）。

法則1　基本は主語＋述語

基本的には、主語の次に述語がきます。主語には名詞や代名詞、述語には動詞、形容詞、名詞などがなります。目的語がある場合は、述語の後ろに置きます。日本語の「は」「が」に当たる助詞はありません。会話の流れで主語を省略することもあります。

私は会社員です。	我 是 公司职员。 I am an office worker.
彼は結婚しました。	他 结婚 了。 He got married.
飛行機は行ってしまいました。	飞机 飞 走 了。 The plane has left.
今日はとても暑いです。	今天 很 热。 Today is very hot.
私は23歳です。	我 二十三 岁。 I am 23 years old.

法則2　『是』『在』『有』でこれだけ話せる

『是』『在』『有』の3つの動詞の役割をまず理解しましょう。

① 『是』の役割

主語と目的語をイコールの関係で結ぶ

私は、営業部長です。	我 是 营业部 的 部长。 I am a sales manager.

明日は晴れです。	明天 是 晴天。 Tomorrow will be clear.

② 『在』の役割

A:　動詞 ── 存在を表す　　　　物・人 ＋ 在 ＋ 場所

私は家にいます。	我 在 家。 I am at home.

彼は会社にいます。	他 在 公司。 He is at his office.

B:　前置詞 ── 場所を表す　　　　人・物 ＋ 在 ＋ 場所

私は家でテレビを観ます。	我 在 家 看 电视。 I watch TV at home.

彼は会社で仕事をしています。	他 在 公司 工作。 He works at the office.

C: 副詞 ── 動作の進行を表す　　物・人 ＋ 在 ＋ 動作

私は テレビを観ています。	我 在 看 电视。 I am watching TV.

彼は 仕事をしています。	他 在 工作。 He is working.

③ 『有』の役割

A: 動詞 ── 存在を表す　　場所 ＋ 有 ＋ 物・人

部屋に テレビがあります。	屋子里 有 电视机。 There is a TV in the room.

公園に たくさんの人がいます。	公园里 有 很 多 人。 There are many people in the park.

B: 動詞 ── 所有を表す　　物・人 ＋ 有 ＋ 物・人

彼女は 車を持っています。	她 有 一 辆 车。 She owns a car.

彼は たくさんの会社を持っています。	他 有 很 多 公司。 He owns many companies.

彼は 金持ちです。	他 很 有 钱。 He is a rich man.

法則3　動詞は時制や人称で変化しない

時制（現在、過去、未来）や人称によって、動詞の形が変化することはありません。

| 私は会社に行きます。 | 我 去 公司。
I go to the office. |

| 昨日、彼は会社に行きました。 | 昨天，他 去 公司。
Yesterday, he went to the office. |

| 明日、父は会社に行くでしょう。 | 明天，爸爸 去 公司。
Tomorrow, my father will go to the office. |

時制による動詞の変化はありませんが、動詞の前後にさまざまな語を加えて、過去や未来を表すことがあります。その例をいくつか挙げます。

● （近い）未来「これから～する」… 要＋動詞＋了

　我 要 去 公司 了。（私はこれから会社に行きます。）

● 完了「～した」… 動詞＋了

　我 去 公司 了。（私は会社に行ってきました。）

● 経験「～したことがある」… 動詞＋过

　我 去 过 上海。（私は上海に行ったことがあります。）

● 継続「～している」… 動詞＋着

　他 看 着 书 呢。（彼は本を読んでいます。）

　＊文末に呢を伴うことが多い

中国語の文法

法則4　これだけで否定文になる

「不」または「没」を動詞、形容詞の前に置くだけで否定文になります。

　動詞、形容詞を述語とする文章では、通常「不」を用いて否定形にします。ただし、所有や存在を表す文章や、完了や過去の経験を表す文章の否定形などでは「没」を用います。

● 「不」を用いる場合

| 私は会社に行きません。 | 我 不 去 公司。
I do not go to the office. |

| 彼は会社にいません。 | 他 不 在 公司。
He is not at the office. |

| 明日は、雨は降りません。 | 明天 不 下雨。
Tomorrow, it will not rain. |

● 「没」を用いる場合

①所有や存在の文の否定

| 机の上にはパソコンがありません。 | 桌子上 没有 电脑。
There is not a PC on the desk. |

| 私はお金がありません。 | 我 没有 钱。
I have no money. |

第1章

②完了「了」過去の経験、「过」、継続「着」を伴う文の否定

昨日 雨が降りました。	昨天 下雨 了。 Yesterday, it rained.
↓	
昨日 雨は降りませんでした。	昨天 没(有) 下雨。 Yesterday, it did not rain.
私は 上海に行ったことがあります。	我 去过 上海 I have been to Shanghai.
↓	
私は 上海に行ったことがありません。	我 没(有) 去过 上海 I have never been to Shanghai.

＊「没(有)」の形で否定することが多い。否定文にした場合は「了」は付けない。

中国語の文法

法則5 これだけで疑問文ができる

中国語の疑問文は基本的に次の3パターンで作れます。

①文末に「吗」を付ける

▶あなたは日本人です。
你是日本人。
You are Japanese.

→

▶あなたは日本人ですか？
你是日本人吗？
Are you Japanese?

▶明日は雨が降ります。
明天下雨。
Tomorrow, it will rain.

→

▶明日は雨が降りますか？
明天下雨吗？
Tomorrow, will it rain?

▶彼は車を持っています。
他有车。
He owns a car.

→

▶彼は車を持っていますか？
他有车吗？
Does he own a car?

②述語部分を「肯定形＋否定形」に変える

▶あなたは日本人です。
你是日本人
You are Japanese.

→

▶あなたは日本人ですか？
你是不是日本人？
Are you Japanese?

▶彼は車を持っています。
他有车
He owns a car.

→

▶彼は車を持っていますか？
他有没有车？
Does he own a car?

③質問したい部分を疑問詞に変える

▶彼は上海に行きます。
他 去 上海。
He goes to Shanghai.

▶彼はどこに行きますか？
他 去 哪里(哪儿)?
Where does he go?

▶彼女は来年上海に行きます。
她 明年 去 上海。
She will go to Shanghai next year.

▶彼女はいつ上海に行きますか？
她 什么 时候 去 上海?
When will she go to Shanghai?

▶田中さんは車を買いました。
田中先生 买 车 了。
Mr.Tanaka bought a car.

▶田中さんは何を買いましたか？
田中先生 买 什么 了?
What did Mr.Tanaka buy?

▶私は飛行機で上海に行きます。
我 坐 飞机 去 上海。
I go to Shanghai by airplene.

▶あなたはどうやって
上海に行きますか？
你 怎么 去 上海?
How do you go to Shanghai?

▶妹はこのケーキが好きです。
妹妹 喜欢 这个 蛋糕。
My sister likes this cake.

▶妹はどのケーキが
好きですか？
妹妹 喜欢 哪种 蛋糕?
Which cake does your sister like?

▶彼女は友達です。
她 是 我 朋友。
She is my friend.

▶彼女は誰ですか？
她 是 谁?
Who is she?

中国語会話 すぐに使える短いフレーズ

第1部

これだけは丸暗記しておきたい
基本フレーズ編

第2章／これだけは丸暗記しておきたい基本フレーズ編

はっきりと肯定する

▶▶▶ **短いフレーズ**

はい。*1

対。 または 是的。
Duì　　　　Shì de
ドゥイ　　　　シー ダ

わかりました。*2

明白了。 または 知道了。
Míngbai le　　　　Zhīdao le
ミンバイ ラ　　　　ジーダォ ラ

その通りです。

没错。
Méi cuò
メェイ ツォ

いいです。

可以。
Kěyǐ
クーイー

あります。

有。
Yǒu
ヨウ

そう思います。

我认为是这样。
Wǒ rènwéi shì zhèyàng
ウォー レンウェイ シー ジュヤンー

❗ *1:「对」は「そうです」、「是的」は「間違いないです」といった同意の表現です。　*2:「明白了」は「理解した上でわかった」、「知道了」は「事実、ことがらがわかった」ということです。

CDトラック I 6

はっきりと否定する

短いフレーズ

いいえ。＊1

不。 または 不对。
Bù / Bú duì
ブー / ブー ドゥイ

わかりません。＊2

不明白。 または 不知道。
Bù míngbai / Bù zhīdao
ブー ミンバイ / ブー ジーダォ

違います。

不对。
Bú duì
ブー ドゥイ

だめです。

不行。
Bùxíng
ブーシンー

ありません。

没有。
Méiyǒu
メェイヨウ

そう思いません。

我不这样认为。
Wǒ bú zhèyàng rènwéi
ウォー ブー ジゥヤンー レンウェイ

＊1：「不」はさまざまな場面で幅広く使える「いいえ」です。「不对」は相手の言ったことに対して「正しくない、間違っている」という主張になります。　＊2：「不明白」は「理解できなくてわからない」、「不知道」は「知らないからわからない」という意味です。

第2章／これだけは丸暗記しておきたい基本フレーズ編

いきいきと挨拶する
▶▶▶ 短いフレーズ

こんにちは。*1

你好。 また は 您好。
Nǐ hǎo　　　　　　　　Nín hǎo
ニー ハオ　　　　　　　ニン ハオ

おはよう。

早上好。
Zǎoshang hǎo
ザオシャンー ハオ

こんばんは。

晚上好。
Wǎnshang hǎo
ワンシャンーハオ

李さん、こんにちは。*2

李先生，你好。
Lǐ xiānsheng nǐ hǎo
リー シェンシャンー ニー ハオ

お元気ですか？

你好吗？
Nǐ hǎo ma
ニー ハオ マ

元気です。

很好。
Hěn hǎo
ヘン ハオ

*1：「你好」は朝昼晩いつでも使えます。「您好」は目上と思われる人に対しての丁寧な表現です。　*2：「先生」は英語の「Mr.（ミスター）」に当たります。相手が男性の場合に使います（49ページ参照）。

さようなら。

再见。
Zàijiàn

ザイ ジェン

おやすみなさい。

晚安。
Wǎn'ān

ワン アン

また明日。

明天 见。
Míngtiān jiàn

ミン ティエン ジェン

また後日。*1

改天 见。
Gǎitiān jiàn

ガイ ティエン ジェン

また後で。

回头 见。
Huítóu jiàn

ホイ トウ ジェン

また来週。

下周 见。
xiàzhōu jiàn

シャー ジォウ ジェン

日本で会いましょう。*2

日本 见。
Rìběn jiàn

リー ベン ジェン

6時に会いましょう。*3

六点 见。
Liù diǎn jiàn

リュー ディエン ジェン

 *1：再会する日が決まっていないときの表現。「いずれまた、日を改めて」といった、あいまいな約束です。　*2,3：会う時間や場所を「见」の前に入れるだけで、具体的な約束ができます。

感謝とおわびの短いフレーズ

ありがとう。*1

谢谢。 または 谢谢你。
Xièxie　　　　　Xièxie nǐ
シェーシェ　　　シェーシェ ニー

どういたしまして。*2
(ありがとうに対して)

不谢。 または 不客气
Bú xiè　　　　　Bú kèqi
ブー シェ　　　　ブー クーチ

ごめんなさい。

对不起。
Duìbuqǐ
ドゥイブチー

どういたしまして。
(ごめんなさいに対して)

没关系。
Méi guānxi
メェイ グァンシ

申し訳ありません。

很抱歉。
Hěn bàoqiàn
ヘン バオチェン

何でもありません。

没什么。
Méi shénme
メェイ シェンマ

*1,2:「谢谢」「不谢」はそれぞれもっとも一般的な表現で、基本的に誰に対しても使えます。「谢谢你」「不客气」は、それぞれの少し丁寧な言い方です。

相手に同調する ▶▶▶ 短いフレーズ

私もそうです。*1

我也是。
Wǒ yě shì
ウォー イェー シー

もちろん！

当然！
Dāngrán
ダンラン

OK！

OK！
OK
オーケー

了解！*2

明白了！
Míngbai le
ミンバイ ラ

いいですよ。*3

好吧。
Hǎo ba
ハオ バ

同意します。

我同意。
Wǒ tóngyì
ウォー トンイ

＊1：「是」の部分を動詞に替えると、「私も〜します」といった表現が作れます。　＊2：「理解したうえで、わかった」ということ。　＊3：「いいよ！」といったニュアンスの表現。

第2章／これだけは丸暗記しておきたい基本フレーズ編

きっかけをつくる呼びかけの短いフレーズ

すみません。
（呼びかけ）

请问。
Qǐng wèn

チンー ウェン

すみません。*1
（何かを頼むとき）

劳驾。　または　麻烦你。
Láojià　　　　　　Máfan nǐ

ラオジャ　　　　　マーファン ニー

すみません。
（男性に呼びかけるとき）

对不起, 先生～
Duìbuqǐ　xiānsheng

ドゥイブチー　シェンシャンー

すみません。
（女性に呼びかけるとき）

对不起, 小姐～
Duìbuqǐ　xiǎojiě

ドゥイブチー　シァオジェ

どうしたのですか？

怎么啦？
Zěnme la

ヅェンマ ラ

失礼ですが。*2
（軽い謝り）

对不起。
Duìbuqǐ

ドゥイブチー

 *1：「麻烦你」は、「お忙しいところ大変恐縮ですが」といったもってまわった言い方です。　*2：「ちょっとごめん」「失礼！」など、軽く声をかけるときの表現です。

あわてないで話すための短いフレーズ

第２章

ちょっと待って。
请 等 一下。
Qǐng děng yíxià
チンー ダンー イーシャー

もう一度お願いします。*1
请 再 说 一遍。
Qǐng zài shuō yíbiàn
チンー ザイ シゥオ イービェン

ゆっくりお願いします。
请 慢 一点儿。
Qǐng màn yìdiǎnr
チンー マン イーディアール

何て言ったのですか？
你 说 什么？
Nǐ shuō shénme
ニー シゥオ シェンマ

中国語はわかりません。
我 不 会 汉语。
Wǒ bú huì Hànyǔ
ウォー ブー ホイ ハンユィ

英語なら少しわかります。
会 一点儿 英语。
Huì yìdiǎnr Yīngyǔ
ホイ イーディアール インユィ

> *1：「说」は「話す」の意味で、「もう一度、言ってください」の表現になっています。「もう一度見せてください」「もう一度やってください」の意味では使えないので注意してください。

第2章／これだけは丸暗記しておきたい基本フレーズ編

ひと言でぴしゃりと断る

CDトラック 12

▶▶▶ 短いフレーズ

結構です（いりません）。
不要。
Bú yào
ブー ヤォ

もう十分です。
够了。
Gòu le
ゴゥ ラ

やめてください。
请不要这样。
Qǐng bú yào zhèyàng
チンー ブー ヤォ ジュヤンー

だめです。
不行。
Bùxíng
ブーシンー

知りません。
不知道。
Bù zhīdao
ブー ジーダォ

ほっといて。
别管我。
Bié guǎn wǒ
ビェ グァン ウォー

> 自由自在に中国語が話せないうちは、あいまいに返事をせず、短く、ひと言で断ることが大事です。中途半端な受け答えは誤解のもとです。

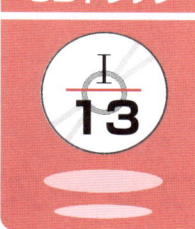

買い物で使える

>>> 短いフレーズ

これをください。

我 要 这个。
Wǒ yào zhège
ウォー ヤォ ジュガ

いくらですか？

多少 钱？
Duōshao qián
ドゥオシァオ チェン

お勘定をお願いします。

请 结帐。
Qǐng jiézhàng
チンー ジェジァンー

高すぎます。

太 贵 了。
Tài guì le
タイ グェイラ

まけてください。

再 便宜 一点儿。
Zài piányi yìdiǎnr
ザイ ピェンイー イーディアール

買うのをやめます。

不 买 了。
Bù mǎi le
ブー マイ ラ

> 欲しいものを伝えるのに必要なのは「我 要」の表現です。「これ」に当たる物を指す表現は、46ページで他の代名詞も覚えてください。

第2章／これだけは丸暗記しておきたい基本フレーズ編

会話をスムーズにする あいづち・合いの手の短いフレーズ

CDトラック 14

うそ！*1
（意外なことで感心したとき）
嗬！真的?
Hē zhēn de
フー ジェンダ

本当？
（意外なことを確認するとき）
真的吗?
Zhēn de ma
ジェンダ マ

そう？
（半信半疑のあいづち）
是吗?
Shì ma
シー マ

へえー！すご〜い！
（意外なことに感心したとき）
嗬！了不起!
Hē liǎobuqǐ
フー リァオブチー

そうだね！
（相手の意見に同感のとき）
说得对!
Shuōde duì
シゥオダ ドゥイ

すばらしい！
太好啦!
Tài hǎo la
タイ ハオ ラ

*1：うそを批難する表現ではありません。「えーっ、うそでしょう？」と、感心するときの感嘆表現です。「本当？」より驚きの度合いが強い表現になります。

会話をスムーズにするあいづち・合いの手の

あれっ!?
（驚きや感嘆を表すとき）

啊！
Ā
ア

えーっ！どうしよう？
（予想外のことに当惑したとき）

唉！怎么 办？
Aī zěnme bàn
アィ ヅェンマ バン

ふ〜ん！
（あいまいな納得）

哼！
Hēng
ヘンー

そんなはずないでしょう。

不会 吧。
Bú huì ba
ブー ホイ バ

もういいよ。

可以 了。
Kěyǐ le
クーイー ラ

なるほど！
（納得したとき）

原来 这样 啊！
Yuánlái zhèyàng a
ユウェンライ ジゥヤンー ア

よかった！
（安堵、安心したとき）

太 好 啦！
Tài hǎo la
タイ ハオ ラ

残念！

很 遗憾！
Hěn yíhàn
ヘン イーハン

> 納得していないのに「なるほど！」を連発するのも、それほど詳しくないのに「そんなはずない」と決めつけるのも問題です。「あいまいな納得」は、そんなとき便利な表現です。

しまった！

糟了！
zāo le
ザオ ラ

えっ？

什么？
shénme
シェンマ

えーと、えーと…
（応答に迷ったとき）

那个，那个…
nàge　　nàge
ナーグ　　ナーグ

えーと…
（恐る恐る話を切り出すとき）

是 这样 的…
Shì zhèyàng de
シー ジュヤンー ダ

それで？

然后 呢？
Ránhòu ne
ランホゥ ナ

または

接下来 呢？
Jiē xiàlái ne
ジェ シャーライ ナ

ねえ、ほら。

嘿，你 看。
Hēi nǐ kàn
ヘイ ニー カン

ね！
（念押しするとき）

喂！
Wèi
ウェイ

> 会話のつなぎになる表現を入れています。親しい友人に試しに使ってみるなどして、リズムやニュアンスを実感してみてください。「你看」は「ほら、見て見て」といったニュアンスです。

欲しいものをきちんと伝える
▶▶▶ 短いフレーズ

第2章

お茶をください。*1

请给我茶。
Qǐng gěi wǒ chá
チン ゲイ ウォー チャ

お茶が欲しいです。*2

我要茶。
Wǒ yào chá
ウォー ヤォ チャ

お茶がしたいです。*3

我想喝茶。
Wǒ xiǎng hē chá
ウォー シャン ホゥ チャ

---

*1 （他人に）「あげる」と（自分に）「くれる」ときは「给」を使います。「私に～をください」は「请给我～」で表現します。「～」に欲しいもの、またはやって欲しいことを入れます。

*2 「～が欲しい」と伝えるときは「我要～」を使います。「～」に欲しいものを入れて表現します。否定の場合は「我不要～」で表現します。

*3 「～したい」と伝えるときは「我想～」を使います。「～」にしたいことを入れて表現します。否定の場合は「我不想～」で表現します。

国名を表す単語

●アジアの国々

[中国]	ジョングオ	中国	Zhōngguó
[インド]	インドウ	印度	Yìndù
[インドネシア]	インドウニシヤ	印度尼西亚	Yìndùníxīyà
[シンガポール]	シンジァポゥ	新加坡	Xīnjiāpō
[タイ]	タイグオ	泰国	Tàiguó
[台湾]	タイワン	台湾	Táiwān
[大韓民国（韓国）]	ハングオ	韩国	Hánguó
[朝鮮民主主義人民共和国（北朝鮮）]	ベイチャオシェン	北朝鲜	Běicháoxiǎn
[日本]	リーベン	日本	Rìběn
[フィリピン]	フェイリゥービン	菲律宾	Fēilǜbīn
[ベトナム]	ユエナン	越南	Yuènán
[マレーシア]	マーライシヤー	马来西亚	Mǎláixīyà
[モンゴル]	マングウ	蒙古	Ménggǔ
[ラオス]	ラオウォ	老挝	Lǎowō

●欧米その他の国々

日本語	カタカナ読み	中国語	ピンイン
[アメリカ]	メェイグオ	美国	Měiguó
[イギリス]	イングオ	英国	Yīngguó
[イタリア]	イーダーリー	意大利	Yìdàlì
[エジプト]	アイジー	埃及	Āijí
[オーストラリア]	アォダリヤー	澳大利亚	Àodàlìyà
[オランダ]	ホゥラン	荷兰	Hélán
[カナダ]	ジァナダ	加拿大	Jiānádà
[ギリシャ]	シーラ	希腊	Xīlà
[スペイン]	シバンヤー	西班牙	Xībānyá
[ドイツ]	ダグオ	德国	Déguó
[フランス]	ファグオ	法国	Fǎguó
[ブラジル]	バシー	巴西	Bāxī
[ロシア]	ウルォス	俄罗斯	Éluósī

●地域

日本語	カタカナ読み	中国語	ピンイン
[アジア]	ヤーヅゥオ	亚洲	Yàzhōu
[ヨーロッパ]	オウヅゥオ	欧洲	Ōuzhōu
[アメリカ]	メェイヅゥオ	美洲	Měizhōu
[アフリカ]	フェイヅゥオ	非洲	Fēizhōu
[オセアニア]	ダーヤンヅゥオ	大洋洲	Dàyángzhōu

中国語会話 すぐに使える短いフレーズ

第1部

第3章

これだけは丸暗記しておきたい
代名詞

第3章／これだけは丸暗記しておきたい　代名詞

指さしだけでわかってもらえる「物」

CDトラック 16

これ		それ	
这 zhè ジゥ	または 这个 zhège ジゥグ	那 nà ナー	または 那个 nàge ナーグ

あれ		どれ	
那 nà ナー	または 那个 nàge ナーグ	哪 nǎ ナー	または 哪个 nǎge ナーグ

これら	それら
这些 zhèxiē ジゥシェ	那些 nàxiē ナーシェ

あれら	みんな
那些 nàxiē ナーシェ	全部 quánbù チュエンブ

> 「这」と「这个」以下、それぞれ2種類の表現で意味、使い方の差はありません。その場で言いやすい方を使いましょう。また、中国語では「それ」「あれ」の区別がありません。「それら」「あれら」も同様です。

指さしだけでわかってもらえる「場所」

ここ
这儿 zhèr ジュル
または
这里 zhèli ジュリー

そこ
那儿 nàr ナール
または
那里 nàli ナーリー

あそこ
那儿 nàr ナール
または
那里 nàli ナーリー

どこ
哪儿 nǎr ナール
または
哪里 nǎli ナーリー

▶ このあたり
这儿 附近
zhèr fùjìn
ジュル フージン

▶ そのあたり
那儿 附近
nàr fùjìn
ナール フージン

▶ あのあたり
那儿 附近
nàr fùjìn
ナール フージン

▶ どのあたり
哪儿 附近
nǎr fùjìn
ナール フージン

> 「这儿」と「这里」以下、それぞれ2種類の表現で意味、使い方に差はありません。その場で言いやすい方を使いましょう。また、中国語では「そこ」「あそこ」の区別がありません。「そのあたり」「あのあたり」も同様です。

人を表現する代名詞・名詞

CDトラック 18

私	あなた*¹
我 wǒ ウォー	你 nǐ ニー または 您 nín ニン

彼	彼女
他 tā ター	她 tā ター

私たち*²	あなたたち*³
我们 wǒmen ウォーメン または 咱们 zánmen ザンメン	你们 nǐmen ニーメン

彼ら	彼女ら
他们 tāmen ターメン	她们 tāmen ターメン

> *1：目上の人に対しては、丁寧な表現の「您」を使います。　*2：「我们」は「私」の複数。「咱们」は自分と相手方すべての総称としての「私たち」になります。　*3：丁寧な表現は次ページの「各位」になります。

人を表現する代名詞・名詞

みなさん
大家 dàjiā ダージャー
または
各位 gèwèi グーウェイ

この人
这人 zhèrén ジゥレン
または
这个人 zhège rén ジゥグ レン

その人
那人 nàrén ナーレン
または
那个人 nàge rén ナーグ レン

あの人
那人 nàrén ナーレン
または
那个人 nàge rén ナーグ レン

どの人
哪个人 năge rén ナーグ レン

誰
谁 shuí シゥエイ

▶李さん

年下、若い人、男女を問わず
小李 xiǎo Lǐ シァオ リー

年上の人の場合
老李 lǎo Lǐ ラォ リー

男性の場合
李先生 Lǐ xiānsheng リー シェンシャンー

女性の場合
李小姐 Lǐ xiǎojiě リー シァオジェ

> 「小」は親しい人に名字で呼びかけるとき、男女を問わず使う表現です。ただし、相手が年上と思われる場合は「小」ではなく「老」を使います。「先生」「小姐」は敬称になります。

中国の省名を表す 単語

[河北省]	▶ ホゥベイシャン—………………	河北省	Héběi shěng
[山西省]	▶ シャンシーシャン— ………………	山西省	Shānxī shěng
[遼寧省]	▶ リァオニンーシャン— …………	辽宁省	Liáoníng shěng
[吉林省]	▶ ジーリンシャン— ………………	吉林省	Jílín shěng
[黒竜江省]	▶ ヘイロンジァンーシャン— …………	黑龙江省	Hēilóngjiāng shěng
[山東省]	▶ シャンドンーシャン— ………………	山东省	Shāndōng shěng
[江蘇省]	▶ ジァンスゥシャン—………………	江苏省	Jiāngsū shěng
[浙江省]	▶ ジゥージァン— ………………………	浙江省	Zhèjiāng shěng
[安徽省]	▶ アンホイシャン—………………	安徽省	Ānhuī shěng
[福建省]	▶ フージェンシャン— ………………	福建省	Fújiàn shěng
[江西省]	▶ ジァンシーシャン—………………	江西省	Jiāngxī shěng
[海南省]	▶ ハイナンシャン—………………	海南省	Hǎinán shěng
[広東省]	▶ グァンドンーシャン— …………	广东省	Guǎngdōng shěng
[青海省]	▶ チンハイシャン— ………………	青海省	Qīnghǎi shěng
[甘粛省]	▶ ガンスゥシャン— ………………	甘肃省	Gānsù shěng
[陝西省]	▶ シャンシーシャン— ………………	陕西省	Shǎnxī shěng
[河南省]	▶ ホゥナンシャン—………………	河南省	Hénán shěng
[湖北省]	▶ フゥベイシャン—………………	湖北省	Húběi shěng
[湖南省]	▶ フウナンシャン—………………	湖南省	Húnán shěng
[四川省]	▶ スーチュァンシャン— …………	四川省	Sìchuān shěng
[貴州省]	▶ グェイジォゥシャン— …………	贵州省	Guìzhōu shěng
[雲南省]	▶ ュィンナンシャン— …………	云南省	Yúnnán shěng

中国語会話 すぐに使える短いフレーズ

第1部

第4章

数字を使う表現

数のかぞえ方

数字

▶0
零
líng
リンー

▶1
一
yī
イー

▶2 (二と两の使い分けは54ページ参照)
二
èr
アール

または

两
liǎng
リァンー

▶3
三
sān
サン

▶4
四
sì
スー

▶5
五
wǔ
ウー

▶6
六
liù
リュー

▶7
七
qī
チー

▶8
八
bā
バー

▶9
九
jiǔ
ジィゥ

▶10
十
shí
シー

▶11
十一
shíyī
シーイー

▶12
十二
shí'èr
シーアール

▶13
十三
shísān
シーサン

▶14
十四
shísì
シースー

▶20
二十
èrshí
アールシー

▶21
二十一
èrshíyī
アール シー イー

▶30
三十
sānshí
サンシー

▶40
四十
sìshí
スーシー

数のかぞえ方

▶50 五十 wǔshí ウーシー	▶60 六十 liùshí リューシー	▶70 七十 qīshí チーシー	▶80 八十 bāshí バーシー
▶90 九十 jiǔshí ジィウシー	▶100 一百 yìbǎi イーバイ	▶101 一百零一 yìbǎi líng yī イーバイ リンー イー	▶110 一百十 yìbǎishí イーバイシー
▶111 一百十一 yìbǎi shíyī イーバイ シーイー	▶200 二百 èrbǎi アールバイ	▶1000 一千 yìqiān イーチェン	▶1001 一千零一 yìqiān líng yī イーチェン リンー イー
▶1100 一千一(百) yìqiān yī(bǎi) イーチェン イー(バイ)	▶10000 一万 yíwàn イーワン	▶10001 一万零一 yíwàn líng yī イーワン リンー イー	▶11100 一万一千一(百) yíwàn yìqiān yī(bǎi) イーワン イーチェン イー(バイ)
▶10万 十万 shíwàn シーワン	▶100万 一百万 yìbǎiwàn イーバイワン	▶1000万 一千万 yìqiānwàn イーチェン ワン	▶1億 一亿 yíyì イーイー

❗「0」が並んでいる場合の読み方

「101」のように、間に「0」が入る場合、「零」を入れて表します。ただし、1001、10001のように、間に「0」がいくつ入っても、「零」は1回しか入れません。

第4章／数字を使う表現

「二」と「两」の使い分け

▶22
二十二
èrshí'èr
アールシーアール

▶32
三十二
sānshí'èr
サンシーアール

▶52
五十二
wǔshí'èr
ウーシーアール

▶102
一百零二
yìbǎi   líng èr
イーバイ リンー アール

▶112
一百十二
yìbǎishí'èr
イーバイ シーアール

▶222
二百二十二
èrbǎi   èrshí'èr
アールバイ アールシーアール

▶2000
两千
liǎngqiān
リャンーチェン

▶22000
两万两千
liǎngwàn liǎngqiān
リャンーワン リャンーチェン

> 百、十および末位には、「二」を用い、千以上では「两」を用います。ただし、時刻の表現の「2時」、倍数の表現の「2倍」は「两」を用います。助数詞では原則的に「两」を用います（P.60からの「主な助数詞」参照）。

序数詞

▶第1
第一
dìyī
ディーイー

▶第2
第二
dì'èr
ディーアール

▶1番
一号
yī hào
イー ハォ

▶2番
二号
èr hào
アール ハォ

▶1等
一等
yī děng
イー ダンー

▶2等
二等
èr děng
アール ダンー

▶1つ目
第一个
dìyī ge
ディーイー グ

▶2つ目
第二个
dì'èr ge
ディーアール グ

▶1位
第一名
dìyī míng
ディーイー ミンー

▶2位
第二名
dì'èr míng
ディーアール ミンー

▶1回目
第一次
dìyī cì
ディーイー ツ

▶2回目
第二次
dì'èr cì
ディーアール ツ

▶1日目
第一天
dìyī tiān
ディーイー ティエン

▶2日目
第二天
dì'èr tiān
ディーアール ティエン

▶1階
一楼
yī lóu
イー ロウ

▶2階
二楼
èr lóu
アールロウ

さまざまな数の表し方

小数 / 小数 xiǎoshù シァオシュウ

▶ 0.5
零点五
líng diǎn wǔ
リンー ディェン ウー

▶ 1.02
一点零二
yì diǎn líng èr
イーディェンリンー アール

▶ 2.5
二点五
èr diǎn wǔ
アールディェンウー

▶ 5.6
五点六
wǔ diǎn liù
ウー ディェン リュー

分数 / 分数 fēnshù フェンシュウ

▶ 1/2
二分之一
èr fēn zhī yī
アール フェン ジー イー

▶ 1/3
三分之一
sān fēn zhī yī
サン フェン ジー イー

▶ 1 1/2
一有二分之一
yī yǒu èr fēn zhī yī
イー ヨウ アールフェンジー イー

▶ 6/5
五分之六
wǔ fēn zhī liù
ウー フェン ジー リュー

百分率 / 百分比 / 百分率 bǎifēnbǐ / bǎifēnlǜ バイフェンビー / バイフェンリゥ

▶ 0.5%
百分之零点五
bǎi fēn zhī líng diǎn wǔ
パイ フェン ジー リンー ディェンウー

▶ 12%
百分之十二
bǎi fēn zhī shí'èr
パイ フェン ジー シーアール

▶ 76%
百分之七十六
bǎi fēn zhī qīshíliù
パイ フェン ジー チーシーリュー

倍数 / 倍数 bèishù ベイシュウ

▶ 2倍
两倍
liǎng bèi
リァンー ベイ

▶ 3倍
三倍
sān bèi
サンベイ

▶ 4倍
四倍
sì bèi
スーベイ

▶ 10倍
十倍
shí bèi
シー ベイ

数式の表し方

▶ +
加
jiā
ジァ

▶ −
减
jiǎn
ジェン

▶ ×
乘
chéng
チャンー

▶ ÷
除
chú
チゥ

▶ =
等于
děngyú
ダンユィ

「1 + 1 = 2（いち、たす、いち、イコール、に）」のように数式になった場合、日本語と同じく、上記の中国語を組合わせて「イー、ジァ、イー、ダンユィ、アール」のように表現します。

さまざまな単位

CDトラック 24→30

通貨の単位

▶元（口頭語）
块
kuài
クァイ

▶角（口頭語）
毛
máo
マォ

▶分
分
fēn
フェン

▶人民元
人民币
rénmínbì
レンミンビー

▶香港ドル
港币
gǎngbì
ガンビー

▶日本円
日币
rìbì
リービー

▶米ドル
美元
měiyuán
メェイユウェン

▶ユーロ
欧元
ōuyuán
オゥユウェン

> 中国のお金を「人民币」といい、単位は「元」のほか「角（1元＝10角）」「分（1元＝100分）」を併用します。なお「元」「角」は領収書など書面で用いる文字で、会話では上記のようにまったく別の発音で表現されます。

長さの単位

▶メートル
米
mǐ
ミー

または

公尺
gōngchǐ
ゴンチー

▶キロメートル
千米
qiānmǐ
チェンミー

または

公里
gōnglǐ
ゴンリー

▶センチメートル
厘米
límǐ
リーミー

または

公分
gōngfēn
ゴンフェン

▶ミリメートル
毫米
háomǐ
ハオミー

または

公厘
gōnglí
ゴンリー

さまざまな単位

▶里 (500m)
里
lǐ
リー

▶尺 (33cm)
尺
chǐ
チー

▶寸 (3.3cm)
寸
cùn
ツン

▶分 (3.3mm)
分
fēn
フェン

▶インチ
英寸
yīngcùn
インツン

▶フィート
英尺
yīngchǐ
インチー

▶ヤード
码
mǎ
マー

▶マイル
英里
yīnglǐ
インリー

▶海里
海里
hǎilǐ
ハイリー

> メートル法に基づいた「公制」が一般的な単位ですが、「市制」と呼ばれる伝統的な単位である「里、尺、寸、分」も、一般市民の間では、まだまだ使われています。

面積の単位

▶平方メートル
平方米
píngfāng mǐ
ピンファン ミー

▶平方キロメートル
平方公里
píngfāng gōnglǐ
ピンファン ゴンリー

▶平方センチメートル
平方厘米
píngfāng límǐ
ピンファン リーミー

▶平方ミリメートル
平方毫米
píngfāng háomǐ
ピンファン ハオミー

▶平方尺
平方尺
píngfāng chǐ
ピンファン チー

▶ムー（中国特有の土地面積の単位 1亩＝6.667アール）
亩
mǔ
ムー

▶アール
公亩
gōngmǔ
ゴンムー

▶ヘクタール
公顷
gōngqǐng
ゴンチンー

▶エーカー
英亩
yīngmǔ
インムー

> 「市制」の単位である「平方尺」より、「平方米」の方がよく使われています。中国特有の土地面積の単位「ムー（1ムー＝6.667アール）」も使われることがあります。

第4章／数字を使う表現

体積・容積の単位

▶立方メートル
立方米
lìfāng mǐ
リーファンー ミー

▶立方センチメートル
立方厘米
lìfāng límǐ
リーファンー リーミー

▶リットル
公升
gōngshēng
ゴンシャンー

▶キロリットル
千公升
qiān gōngshēng
チェン ゴンシャンー

▶デシリットル
分升
fēnshēng
フェンシャンー

または

十分之一公升
shí fēn zhī yī gōngshēng
シー フェン ジー イー ゴンシャンー

▶ミリリットル
毫升
háoshēng
ハオシャンー

▶ガロン
加仑
jiālún
ジャールン

▶バレル
桶
tǒng
トンー

または

琵琶桶
pípatǒng
ピーパトンー

重さの単位

▶キログラム
千克
qiānkè
チェンク

または

公斤
gōngjīn
ゴンジン

▶グラム
克
kè
クー

▶ミリグラム
毫克
háokè
ハオクー

▶トン
吨
dūn
ドゥン

▶斤
斤
jīn
ジン

▶両
两
liǎng
リァンー

▶カラット
克拉
kèlā
クーラ

▶オンス
盎司
àngsī
アンスー

▶ポンド
磅
bàng
バンー

> ❗ 「市制」の単位である「斤（1斤＝500グラム）」や「両（1両＝50グラム）」が、市場の量り売りなどでは一般的に使われています。

電流の単位

▶ アンペア
安培
ānpéi
アンペイ

▶ ボルト
伏
fú
フ

または

伏特
fútè
フトゥ

▶ ヘルツ
赫
hè
ホゥ

または

赫兹
hèzī
ホゥズ

▶ ワット
瓦
wǎ
ワー

または

瓦特
wǎtè
ワートゥ

その他

▶ ビット
比特
bǐtè
ビートゥ

▶ バイト
字节
zìjié
ズジェ

▶ キロバイト
千字节
qiān zìjié
チェン ズジェ

▶ メガバイト
兆字节
zhào zìjié
ジァオ ズジェ

▶ ギガバイト
千兆字节
qiānzhào zìjié
チェンジァオ ズジェ

▶ ノット
节
jié
ジェ

▶ ℃
度
dù
ドゥ

主な助数詞（数量詞）

1個、1匹の「個」「匹」などを、日本語では「助数詞」といいますが、中国語では「数量詞」と呼びます。中国語にはたくさんの数量詞があります。その代表的なものをまとめました。

个 ge グ
特定の数量詞を持たない人または物

- 1人の人間　一个人　yí ge rén　イー グ レン
- リンゴ1つ　一个苹果　yí ge píngguǒ　イー グ ピングォー
- 1つの国　一个国家　yí ge guójiā　イー グ グオジァ

位 wèi ウェイ
敬意を伴う人の数え方

- 3名様　三位　sān wèi　サン ウェイ
- 女性1名　一位女士　yí wèi nǚshì　イーウェイ ヌーシ
- 役員2名　两位董事　liǎng wèi dǒngshì　リァンウェイ ドンシ

件 jiàn ジェン
事柄や出来事、衣服

- 1件の用事　一件事　yí jiàn shì　イージェンシー
- 1件の事故　一件事故　yí jiàn shìgù　イージェン シーグ
- セーター1枚　一件毛衣　yí jiàn máoyī　イー ジェン マォイー

张 zhāng ジァンー
平面が平らなもの

- 1枚の紙　一张纸　yì zhāng zhǐ　イー ジァンー ジー
- 1枚のチケット　一张车票　yì zhāng chēpiào　イ ジァンー チューピァオ
- 1枚の絵　一张画　yì zhāng huà　イージァンーホァ

主な助数詞（数量詞）

書籍、雑誌または帳簿類など 　本 běn ベン

- 1冊の本　一本书　yì běn shū　イー ベン シュウ
- 1冊の雑誌　一本杂志　yì běn zázhì　イー ベン ザージー
- 帳簿1冊　一本帐簿　yì běn zhàngbù　イー ベン ジャンブ

馬やロバなど　絹や綿の生地 　匹 pǐ ピー

- 1匹の馬　一匹马　yì pǐ mǎ　イー ピー マー
- ロバ1匹　一匹骡子　yì pǐ luózi　イー ピー ルオズ
- 木綿1反　一匹布　yì pǐ bù　イー ピー ブ

家畜 　头 tóu トウ

- 1頭の牛　一头牛　yì tóu niú　イー トウ ニィウ
- 豚1匹　一头猪　yì tóu zhū　イー トウ ジュー
- ラクダ3頭　三头骆驼　sān tóu luòtuo　サントウ ルオトゥオ

ペットや小動物　対になっているものの1つ 　只 zhī ジー

- 1羽の鶏　一只鸡　yì zhī jī　イー ジー チー
- 猫1匹　一只猫　yì zhī māo　イー ジー マオ
- 靴と靴下の片方ずつ　一只鞋子　一只袜子　yì zhī xiézi　yì zhī wàzi　イー ジー シェズ　イー ジー ワズ

対になっているもの① 　双 shuāng シゥァン

- 1足の靴　一双鞋子　yì shuāng xiézi　イー シゥァン シェズ
- 靴下1足　一双袜子　yì shuāng wàzi　イー シゥァン ワズ
- 箸1膳　一双筷子　yì shuāng kuàizi　イー シゥァン クァイズ

対になっているもの② 　副 fù フ

- 1組の手袋　一副手套　yí fù shǒutào　イー フ シォウタオ
- 1組のイヤリング　一副耳环　yí fù ěrhuán　イー フ アールファン
- 1組の手錠　一副手铐　yí fù shǒukào　イー フ シォウカオ

第4章／数字を使う表現

セットになっているもの　套 tào　タォ

- ワンセットの家具　一套家具　yí tào jiājù　イータォ ジァジュ
- 茶器ワンセット　一套茶具　yí tào chájù　イータォ チャジュ
- ベビー服ワンセット　一套婴儿服　yí tào yīng'ér fú　イー タォ インアールフ

ダース単位のもの　打 dǎ　ダー

- 1ダースのノート　一打笔记本　yì dǎ bǐjìběn　イー ダー ビージベン
- 1ダースのジュース　一打果汁　yì dǎ guǒzhī　イー ダー グォジィ
- 12人　一打人　yì dǎ rén　イー ダー レン

袋に入れられたもの　袋 dài　ダイ

- 1袋の飴　一袋糖　yí dài táng　イーダイ タンー
- 1袋の塩　一袋盐　yí dài yán　イーダイ イェン
- 1袋の野菜　一袋蔬菜　yí dài shūcài　イーダイ シュゥツァイ

束になっているもの　束 shù　シュゥ

- 1束の花　一束花　yí shù huā　イーシュゥ ホァー
- 1束の郵便物　一束信件　yí shù xìnjiàn　イーシュゥ シンジェン
- 1束の電線　一束电线　yí shù diànxiàn　イーシュゥ ディエンシェン

大きな箱のもの　箱 xiāng　シァンー

- 1箱のフルーツ　一箱水果　yì xiāng shuǐguǒ　イーシァンー シゥエイグォ
- 1箱の野菜　一箱蔬菜　yì xiāng shūcài　イーシァンー シュゥツァイ
- 1個のトランク　一箱行李　yì xiāng xíngli　イーシァンー シンリ

小さな箱のもの　盒 hé　ホゥ

- 1箱のチョコレート　一盒巧克力　yì hé qiǎokèlì　イー ホゥ チァオクーリー
- 1箱のタバコ　一盒香烟　yì hé xiāngyān　イー ホゥ シァンイエン
- 1箱のマッチ　一盒火柴　yì hé huǒchái　イー ホゥ フゥオチャイ

主な助数詞（数量詞）

瓶に入れられたもの　瓶 píng ピンー

- 1本の酒　　一瓶酒　yì píng jiǔ　イーピンージゥ
- 醤油1本　　一瓶酱油　yì píng jiàngyóu　イーピン ジァンヨウ
- 目薬1本　　一瓶眼药水　yì píng yǎnyàoshuǐ　イーピン イェンヤオシゥェイ

コップやグラスなどに入れられたもの　杯 bēi ベイ

- 1杯のビール　一杯啤酒　yì bēi píjiǔ　イーベイ ピジゥ
- コーヒー1杯　一杯咖啡　yì bēi kāfēi　イーベイ カーフェイ
- 牛乳1杯　　一杯牛奶　yì bēi niúnǎi　イー ベイ ニゥナイ

缶に入れられたもの　听 tīng ティンー

- 1缶のコーラ　一听可乐　yì tīng kělè　イー ティンー クーラ
- 缶詰の桃1つ　一听桃子　yì tīng táozi　イー ティンー タォズ
- テニスボール1缶　一听网球　yì tīng wǎngqiú　イー ティンー ワン チゥ

茶碗やどんぶりに入れられたもの　碗 wǎn ワン

- ラーメン1杯　一碗拉面　yì wǎn lāmiàn　イーワン ラーミェン
- スープ1杯　一碗汤　yì wǎn tāng　イー ワン タンー
- 牛丼2杯　两碗牛肉饭　liǎng wǎn niúròu fàn　リァン ワン ニゥロォウファン

手紙など封をするもの　封 fēng フンー

- 1通の手紙　一封信　yì fēng xìn　イーフンー シン
- 1通の電報　一封电报　yì fēng diànbào　イー フンー ディェンバォ
- 1通の請求書　一封帐单　yì fēng zhàngdān　イー フンー ジァンダン

細い棒状のもの　支 zhī ジー

- 1本のボールペン　一支圆珠笔　yì zhī yuánzhūbǐ　イー ジーユェンジゥービー
- 口紅1本　一支口红　yì zhī kǒuhóng　イー ジー コウホンー
- 1輪の花　一支花　yì zhī huā　イー ジー ホァ

第4章／数字を使う表現

細長いもの　条 tiáo ティアオ

- 1本の河　一条河　yì tiáo hé　イー ティアオ ホゥ
- 1本の道　一条路　yì tiáo lù　イー ティアオ ルゥ
- ズボン1本　一条裤子　yì tiáo kùzi　イー ティアオ クゥズ

背もたれや取っ手の付いているもの　把 bǎ バー

- 1脚の椅子　一把椅子　yì bǎ yǐzi　イー バー イーヅ
- 包丁1本　一把刀　yì bǎ dāo　イー バー ダォ
- きゅうす1個　一把茶壶　yì bǎ cháhú　イー バー チャフゥ

どっしりとしているもの　座 zuò ヅゥオ

- 1つの山　一座山　yí zuò shān　イー ヅゥオ シャン
- ビル1棟　一座大楼　yí zuò dàlóu　イー ヅゥオ ダーロウ
- 1つの城　一座城堡　yí zuò chéngbǎo　イー ヅゥオ チャンバオ

かたまりになっているもの　块 kuài クァイ

- 1塊の石　一块石头　yí kuài shítou　イー クァイ シトゥ
- 1塊の肉　一块肉　yí kuài ròu　イー クァイ ロウ
- ケーキ1切れ　一块蛋糕　yí kuài dàngāo　イー クァイ ダンガオ

積み上げられたもの　堆 duī ドゥィ

- 1山のジャガイモ　一堆土豆　yì duī tǔdòu　イー ドゥィ トゥドゥ
- 1山のゴミ　一堆垃圾　yì duī lājī　イー ドゥィ ラージー
- 山ほどの仕事　一堆工作　yì duī gōngzuò　イー ドゥィ ゴンヅオ

枝や幹が付いているもの　棵 kē クー

- 1本の木　一棵树　yì kē shù　イー クー シュゥ
- 1本の草　一棵草　yì kē cǎo　イー クー ツァオ
- 1本の茎　一棵麦子　yì kē màizi　イー クー マイズ

主な助数詞（数量詞）

車両など　辆 liàng　リァンー

- 車1台　一辆车　yí liàng chē　イー リァンー チゥ
- 自転車1台　一辆自行车　yí liàng zìxíngchē　イー リァンー ズーシンチゥ
- バイク1台　一辆摩托车　yí liàng mótuo chē　イー リァンー モトゥオ チゥ

機械など　台 tái　タイ

- 1台のテレビ　一台电视机　yì tái diànshìjī　イー タイ ディエンシジー
- 4台のパソコン　四台电脑　sì tái diànnǎo　スー タイ ディエンナオ
- 発電機1台　一台发电机　yì tái fādiànjī　イー タイ ファーディエンジー

家屋など　所 suǒ　スゥオ

- 2つの病院　两所医院　liǎng suǒ yīyuàn　リァンー スゥオ イーユェン
- 3つの高校　三所高中　sān suǒ gāozhōng　サン スゥオ ガオジョンー
- 1軒の家　一所住房　yì suǒ zhùfáng　イー スゥオ ジゥーファンー

支柱のあるものや機械類　架 jià　ジァ

- 飛行機1機　一架飞机　yí jià fēijī　イー ジァ フェイジー
- 機械1台　一架机器　yí jià jīqì　イー ジァ ジーチ
- ブドウ1棚　一架葡萄　yí jià pútao　イー ジァ プタォ

ひと区切り　段 duàn　ドゥアン

- 一場面　一段故事　yí duàn gùshì　イー ドゥアン グーシー
- 1つの恋　一段恋情　yí duàn liànqíng　イー ドゥアン リェンチンー
- 1区間の道　一段路　yí duàn lù　イー ドゥアン ルゥ

出来事、事件　起 qǐ　チー

- 1件の殺人事件　一起杀人事件　yì qǐ shārén shìjiàn　イー チー シャレン シージェン
- 1件の交通事故　一起交通事故　yì qǐ jiāotōng shìgù　イー チー ジァオトンー シーグ

第4章

年齢の表し方

CDトラック 32

▶歳
岁
suì
スゥエイ

▶ゼロ歳
零 岁
líng suì
リン スゥエイ

▶1歳（中国では生まれた時点で1歳とする）
一 岁
yī suì
イー スゥエイ

▶2歳
两 岁
liǎng suì
リァンー スゥエイ

▶10歳
十 岁
shí suì
シー スゥエイ

▶20歳
二十 岁
èrshí suì
アールシー スゥエイ

▶22歳
二十二 岁
èrshí'èr suì
アールシーアール スゥエイ

▶50歳
五十 岁
wǔshí suì
ウーシー スゥエイ

▶70歳
七十 岁
qīshí suì
チーシー スゥエイ

▶100歳
一百 岁
yìbǎi suì
イーパイ スゥエイ

▶還暦（60歳）
花甲
huājiǎ
ホァジャー

▶古稀（70歳）
古稀
gǔxī
グーシー

孔子の『論語』が基になった年齢を表す表現

▶15歳
志学之年
zhìxué zhī nián
ジシュエ ジー ニェン

▶30歳
而立之年
érlì zhī nián
アールリ ジー ニェン

▶40歳
不惑之年
búhuò zhī nián
ブフウォ ジー ニェン

▶50歳
知命之年
zhīmìng zhī nián
ジーミン ジー ニェン

▶60歳
耳顺之年
ěrshùn zhī nián
アールシュン ジー ニェン

▶70歳
从心之年
cóngxīn zhī nián
ツォンーシン ジー ニェン

数字を使わないさまざまな表現

CDトラック 33

▶はじめ
首先
shǒuxiān
シォゥシェン

▶中ほど
中间
zhōngjiān
ジォンジェン

▶終
末尾
mòwěi
モウェイ

▶部分
部分
bùfen
ブフェン

▶最初
最初
zuìchū
ヅゥイチュー

▶半分
一半
yíbàn
イーバン

▶最後
最后
zuìhòu
ヅゥイホゥ

▶全部
全部
quánbù
チュエンブ

▶全体
全体
quántǐ
チュエンティー

▶すべて
全都
quándōu
チュエンドゥ

▶完全な
完全
wánquán
ワンチュエン

▶おおよそ／約
大约
dàyuē
ダーユエ

▶割合
比例
bǐlì
ビーリー

▶比率
比率
bǐlǜ
ビールゥー

▶差
差
chā
チャ

> 「全部」と「全体」には大きな違いはありませんが、「全体」は「全員」などの意味で人物にも用います。「すべて」という日本語に当たる「全都」は、「全」を強調する表現としてしばしば用いられます。

年・月・日の表し方

CDトラック 34→37

年の読み方

▶1980年
一九八零年
yī jiǔ bā líng nián
イー ジィウバー リンニェン

▶2004年
二零零四年
èr líng líng sì nián
アール リンリン スー ニェン

▶2008年
二零零八年
èr líng líng bā nián
アール リンリン バーニェン

▶2015年
二零一五年
èr líng yī wǔ nián
アールリン イー ウーニェン

> ❗ 西暦には「十」「千」などの表現を使いません。1桁の数字の連続としてとらえ、前から一つずつ順に数字を読んでいきます。例にあるように「0」が続く場合には繰り返して読みます。

1月〜12月の読み方

▶1月
一月
yīyuè
イーユエ

▶2月
二月
èryuè
アールユエ

▶3月
三月
sānyuè
サンユエ

▶4月
四月
sìyuè
スーユエ

▶5月
五月
wǔyuè
ウーユエ

▶6月
六月
liùyuè
リューユエ

▶7月
七月
qīyuè
チーユエ

▶8月
八月
bāyuè
バーユエ

▶9月
九月
jiǔyuè
ジィウユエ

▶10月
十月
shíyuè
シーユエ

▶11月
十一月
shíyīyuè
シーイーユエ

▶12月
十二月
shí'èryuè
シーアールユエ

年・月・日の表し方

日付の読み方

▶ 1日
一号
yīhào
イーハオ

▶ 2日
二号
èrhào
アールハオ

▶ 20日
二十号
èrshíhào
アールシーハオ

▶ 31日
三十一号
sānshíyīhào
サンシーイーハオ

> 中国語の日付表現には、日本語の「1日=ついたち」「2日=ふつか」「3日=みっか」「4日=よっか」「5日=いつか」のような表現はありません。数字の後に「号」を付けるだけです。

年・月・日のさまざまな表し方

▶ 一昨年(おととし)
前年
qiánnián
チェンニェン

▶ 去年(昨年)
去年
qùnián
チューニェン

▶ 今年
今年
jīnnián
ジンニェン

▶ 来年
明年
míngnián
ミンニェン

▶ 再来年
后年
hòunián
ホゥニェン

▶ 先々月
前个月
qiángeyuè
チェンゲユエ

▶ 先月
上个月
shànggeyuè
シャングユエ

▶ 今月
这个月
zhègeyuè
ジゥグニエ

▶ 来月
下个月
xiàgeyuè
シャーグユエ

▶ 再来月
下下个月
xiàxiàgeyuè
シャーシャグユエ

▶ 先々週
前个星期
qiángexīngqī
チェングシンチー

▶ 先週
上个星期
shànggexīngqī
シャングシンチー

▶ 今週
这个星期
zhègexīngqī
ジゥグシンチー

▶ 来週
下周
xiàzhōu
シャージョウ

▶ 再来週
下下个星期
xiàxiàgexīngqī
シャーシャグシンチー

▶ 一昨日(おととい)
前天
qiántiān
チェンティエン

第4章／数字を使う表現

▶昨日（きのう）
昨天
zuótiān
ヅゥオティエン

▶今日
今天
jīntiān
ジンティエン

▶明日（あした）
明天
míngtiān
ミンティエン

▶明後日（あさって）
后天
hòutiān
ホウティエン

▶一昨日（さきおととい）
大前天
dàqiántiān
ダーチェンティエン

▶明明後日（しあさって）
大后天
dàhòutiān
ダーホウティエン

▶先日
前几天
qián jǐ tiān
チェン ジー ティエン

▶過去
过去
guòqù
グオチュー

▶現在
现在
xiànzài
シェンザイ

▶未来
将来
jiānglái
ジャンライ

または

未来
wèilái
ウェイライ

▶1年
一年
yì nián
イー ニェン

▶1年2カ月
一年两个月
yì nián liǎng ge yuè
イー ニェン リァンーグ ユエ

▶1年半
一年半
yì nián bàn
イー ニェン パン

▶半年
半年
bàn nián
パン ニェン

▶1カ月
一个月
yí ge yuè
イー グ ユエ

▶1カ月と2週間
一个月两个星期
yí ge yuè liǎng ge xīngqī
イー グ ユエ リァンーグ シンチー

▶1カ月半
一个半月
yí ge bàn yuè
イー グ パン ユエ

▶半月
半个月
bàn ge yuè
パンーグ ユエ

▶1日
一天
yì tiān
イー ティエン

▶1日半
一天半
yì tiān bàn
イーティエンパン

▶半日
半天
bàntiān
パンティエン

▶何日
几天
jǐ tiān
ジー ティエン

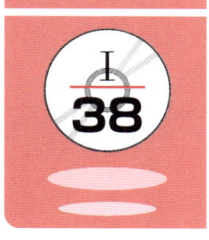

曜日の表し方

▶月曜日
星期一
xīngqīyī
シンチーイー

▶火曜日
星期二
xīngqī'èr
シンチーアール

▶水曜日
星期三
xīngqīsān
シンチーサン

▶木曜日
星期四
xīngqīsì
シンチースー

▶金曜日
星期五
xīngqīwǔ
シンチーウー

▶土曜日
星期六
xīngqīliù
シンチーリュー

▶日曜日
星期日
xīngqīrì
シンチーリー

または

星期天
xīngqītiān
シンチーティェン

▶先週月曜日
上个星期一
shàngge xīngqīyī
シャング シンチーイー

▶今週火曜日
这个星期二
zhège xīngqī'èr
ジゥグ シンチーアール

▶来週水曜日
下个星期三
xiàge xīngqīsān
シャーグ シンチーサン

▶この前の木曜日
上个星期四
shàngge xīngqīsì
シャング シンチースー

▶今度の金曜日
这个星期五
zhège xīngqīwǔ
ジゥグ シンチーウー

▶何曜日
星期几
xīngqījǐ
シンチージー

> 曜日に当たる「星期」の後に月曜から土曜までは順番に数字が入ります。日曜日だけが特別で2通りあります。

時刻・時間の表し方

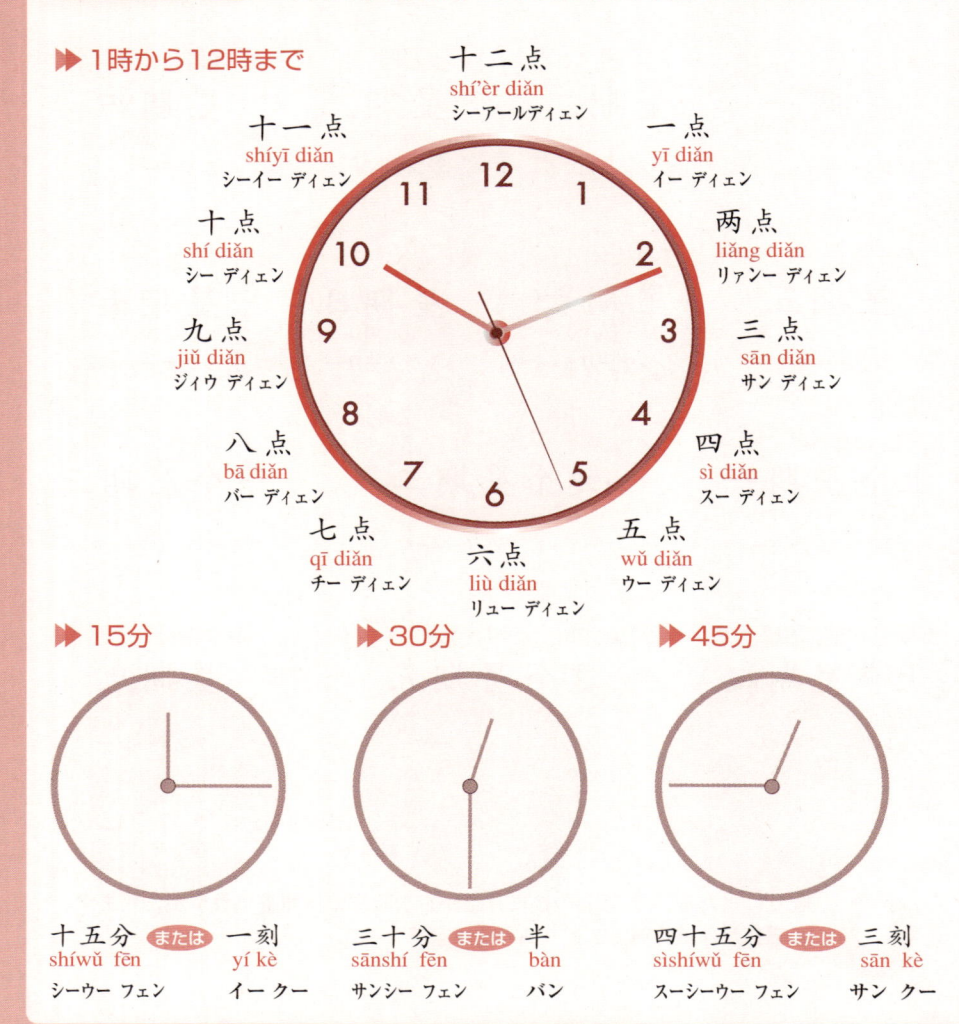

▶ 1時から12時まで

十二点　shí'èr diǎn　シーアールディエン
十一点　shíyī diǎn　シーイー ディエン
一点　yī diǎn　イー ディエン
十点　shí diǎn　シー ディエン
两点　liǎng diǎn　リァンー ディエン
九点　jiǔ diǎn　ジィウ ディエン
三点　sān diǎn　サン ディエン
八点　bā diǎn　バー ディエン
四点　sì diǎn　スー ディエン
七点　qī diǎn　チー ディエン
六点　liù diǎn　リュー ディエン
五点　wǔ diǎn　ウー ディエン

▶ 15分

十五分　shíwǔ fēn　シーウー フェン　または　一刻　yí kè　イー クー

▶ 30分

三十分　sānshí fēn　サンシー フェン　または　半　bàn　バン

▶ 45分

四十五分　sìshíwǔ fēn　スーシーウー フェン　または　三刻　sān kè　サン クー

さまざまな時刻の表し方

▶ ちょうど2時
两点整
liǎng diǎn zhěng
リァン ディエンジゥンー

▶ 3時半
三点半
sān diǎn bàn
サン ディエン バン

▶ 4時5分前
差五分四点
chā wǔ fēn sì diǎn
チャ ウー フェンスーディエン

▶ 5時10分
五点十分
wǔ diǎn shí fēn
ウー ディエン シー フェン

▶ 6時ごろ
六点左右
liù diǎn zuǒyòu
リュー ディエン ヅゥオヨウ

▶ 7時過ぎ
过七点
guò qī diǎn
グオ チー ディエン

▶ 15時
十五点
shíwǔ diǎn
シーウー ディエン

▶ 23時
二十三点
èrshísān diǎn
アールシーサン ディエン

> 「2時」は「二点」ではなく中国語の時刻表現では、「两点」とします。また、15分を「一刻」、45分を「三刻」という表現もしばしば用いられます。「15時」など24時間制の表現は公共の場以外ではあまり使わず、一般的には「午前」「午後」(次項参照)で表します。

時間の表し方

▶ 1秒間
一秒钟
yì miǎozhōng
イー ミァオジォンー

▶ 45秒間
四十五秒钟
sìshíwǔ miǎozhōng
スーシーウー ミァオジォンー

▶ 1分間
一分钟
yì fēnzhōng
イー フェンジォンー

▶ 20分間
二十分钟
èrshí fēnzhōng
アールシー フェンジォンー

▶ 30分間
三十分钟
sānshí fēnzhōng
サンシー フェンジォンー

▶ 1時間
一个小时
yí ge xiǎoshí
イーグ シァオシー

▶ 1時間半
一个半小时
yí ge bàn xiǎo shí
イーグ バン シァオシー

> 時間の経過は、「○秒間」「○分間」「○時間」とも、数字を使うだけで、「一刻」「三刻」のような特別な表現はありません。ただし、「30分間」を「半時間」にあたる「半小时」で表現することは、しばしばあります。

1日の時間

▶早朝	▶朝	▶昼	▶夕方
清晨 qīngchén チンチャン	早上 zǎoshang ザオシャンー	中午 zhōngwǔ ジォンウー	傍晚 bàngwǎn バンワン

▶晩／夜間	▶深夜	▶昼間	▶夜
晚上 wǎnshang ワンシャンー	深夜 shēnyè シェンイェ	白天 báitiān バイティェン	夜里 yèlǐ イェリー

▶朝晩	▶午前	▶正午	▶午後
早晚 zǎowǎn ザオワン	上午 shàngwǔ シャンウー	中午 zhōngwǔ ジォンウー	下午 xiàwǔ シャーウー

▶日の出	▶日没
日出 rìchū リーチゥ	日落 rìluò リールォ

> 一般的に朝9時までは「早上」、それ以降は「上午」を用います。また、日没までは「下午」、それ以降は「晚上」を用います。「傍晚」はその境目に当たります。

中国語会話すぐに使える短いフレーズ

第1部

第5章

これだけは**丸暗記**しておきたい
短いフレーズによる質問

第5章／これだけは丸暗記しておきたい　短いフレーズによる質問

いつ・いつから・いつまで

CDトラック 40

いつ	什么 时候 shénme shíhou シェンマ　シーホゥ
いつから	从 什么 时候 开始 cóng shénme shíhou kāishǐ ツォン―　シェンマ　シーホゥ　カイシー
いつまで	到 什么 时候 为止 dào shénme shíhou wéizhǐ ダオ　シェンマ　シーホゥ　ウェイジー

どこ	哪儿　／　哪里 nǎr　　　　nǎli ナール　　　ナーリー
どこから	从 哪儿　／　从 哪里 cóng nǎr　　　cóng nǎli ツォン― ナール　ツォン― ナーリー
どこまで	到 哪儿　／　到 哪里 dào nǎr　　　dào nǎli ダオ　ナール　ダオ　ナーリー

> 「〜から」は「从〜」、「〜まで」は「到〜」で表現します。右の例文のように「〜」の部分にそれぞれ、開始時間や出発地、終了時間や到着地を入れます。「いつから」の「开始」、「いつまで」の「为止」は、しばしば省略されます。「どこ」の「哪儿」「哪里」の2種類の表現には、特に違いはありません。

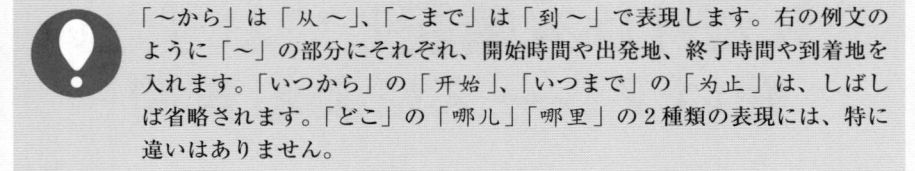

応用

いつ来たのですか？	什么 时候 来 的？ Shénme shíhou lái de シェンマ シーホゥ ライ ダ
いつから滞在しているのですか？	从 什么 时候 开始 逗留 的？ Cóng shénmen shíhou kāishǐ dòuliú de ツォンー シェンマ シーホゥ カイシー ドゥリュー ダ
いつまで滞在しているのですか？	逗留 到 什么 时候 为止？ Dòuliú dào shénmen shíhou wěizhǐ ドゥリュー ダオ シェンマ シーホゥ ウェイジー
いつまで滞在できるのですか？	能 逗留 到 什么 时候 为止？ Néng dòuliú dào shénmen shíhou wěizhǐ ナンー ドゥリュー ダオ シェンマ シーホゥ ウェイジー
どこから来たのですか？	从 哪儿（哪里）来 的？ Cóng nǎr (nǎli) lái de ツォンー ナール （ナーリー） ライ ダ
どこまで行きたいのですか？	想 到 哪儿（哪里）去？ Xiǎng dào nǎr (nǎli) qù シャンー ダオ ナール （ナーリー） チュー
いつ上海から着いたのですか？	什么 时候 从 上海 来 的？ Shénme shíhou cóng Shànghǎi lái de シェンマ シーホゥ ツォンー シャンハイ ライ ダ
上海から成田までは近いですか？	从 上海 到 成田 近 吗？ Cóng Shànghǎi dào Chéngtián jìn ma ツォンー シャンハイ ダオ チャンティェン ジン マ

第5章／これだけは丸暗記しておきたい　短いフレーズによる質問

CDトラック 41

ちょっとおたずねします

ちょっとおたずねします。	请问一下。 Qǐng wèn yíxià チンー　ウェン　イーシャー

わかりますか？	明白 吗？ Míngbai ma ミンバイ　マ

わかりましたか？	明白 了 吗？ Míngbai le ma ミンバイ　ラ　マ

💡 「了」はあることが「終わった」「終わっている」、または「そうなった」という状態を表すときに、動詞や形容詞の後に付けて使います。

わかりませんか？	不 明白 吗？ Bù míngbai ma ブー　ミンバイ　マ

💡 「～ませんか？」という否定型疑問文は「不～吗？」を使います。「～」に動作や状態を表す言葉を入れて質問します。

💡 聞いたり見たりしたことがすぐわかる場合は「明白」を、知識として知っている（わかる）場合は、次ページの「知道」を使います。

ちょっとおたずねします

知っていますか？	知道 吗？ Zhīdao ma ジーダォ マ
知っていましたか？	知道 了 吗？ Zhīdao le ma ジーダォ ラ マ
知りませんか？	不 知道 吗？ Bù zhīdao ma ブー ジーダォ マ

第5章

応用

ちょっと彼女について おたずねします。	我 想 打听 一下 有关 她 的 事。 Wǒ xiǎng dǎtīng yíxià yǒuguān tā de shì ウォー シァン ダーティン イーシァー ヨウグァン ター ダ シ
原因がわかりますか？	知道 原因 吗？ Zhīdao yuányīn ma ジーダォ ユゥエンイン マ
その男性を 知っていますか？	你 知道 那个 男的 吗？ Nǐ zhīdao nàge nán de ma ニー ジーダォ ナーグ ナンダ マ
おいしいお店を 知りませんか？	你 知道 哪儿 有 好吃 的 饭店 吗？ Nǐ zhīdao nǎr yǒu hǎochī de fàn diàn ma ニー ジーダォ ナール ヨウ ハオチー ダ ファン ディエン マ

第5章／これだけは丸暗記しておきたい　短いフレーズによる質問

CDトラック 42

どうしたのですか？

どうしたのですか？	怎么 啦？ Zěnme la ヅェンマ　ラ
どうすればいいのですか？	怎么 办？ Zěnme bàn ヅェンマ　バン
どうですか？	怎么样？ Zěnmeyàng ヅェンマヤンー
大丈夫ですか？	不 要紧 吧？ Bú yàojǐn ba ブー　ヤォジン　バ
本当ですか？	真的 吗？ Zhēnde ma ジェンダ　マ
そうなんですか？	是 这样 吗？ Shì zhèyàng ma シー　ジゥヤンー　マ

❗「怎么」は「どう？」「どんなふうに？」に当たる疑問詞です。方法や原因、情況などをたずねるときに使われます。

違いますか？

違いますか？ 間違っていますか？ 間違っていましたか？	不对吗？ Bú duì ma ブー ドゥイ マ
この通りですか？	是 这样 吗？ Shì zhèyàng ma シー ジュヤンー マ
その（あの）通りですか？	是 那样 吗？ Shì nàyàng ma シー ナーヤンー マ
こちらでいいですか？	这儿 可以 吗？ Zhèr kěyǐ ma ジュル クーイー マ
これではだめですか？	这样 不 可以 吗？ Zhèyàng bù kěyǐ ma ジュヤンー ブー クーイー マ
あなたのものではありませんか？	这 不 是 你 的 吗？ Zhè bú shì nǐ de ma ジュ ブー シー ニー ダ マ

第5章／これだけは丸暗記しておきたい　短いフレーズによる質問

CDトラック 44

これは何ですか？

これは それは あれは		何ですか？ 私のものですか？ あなたのものですか？ 彼のものですか？
この その あの	荷物は 品物は 食べ物は	彼女のものですか？ 誰のものですか？ 田中さんのものですか？

参考

●疑問形でない場合の表現

これは私のものです。
（肯定）

这是我的东西。
Zhè shì wǒ de dōngxi
ジゥ　シー　ウォーダ　ドンシ

これは私のものではありません。（否定）

这不是我的东西。
Zhè bú shì wǒ de dōngxī
ジゥ　ブーシー　ウォーダ　ドンシ

これは	あなたの	好きなものですか？ 嫌いなものですか？ 欲しいものですか？ いらないものですか？

これは何ですか？

ジゥ 这 Zhè		シー シェンマ 是 什么？ shì shénme
ナー 那 Nà		シー ウォー ダ マ 是 我 的 吗？ shì wǒ de ma
ナー 那 Nà		シー ニー ダ マ 是 你 的 吗？ shì nǐ de ma
		シー ター ダ マ 是 他 的 吗？ shì tā de ma
ジゥグ 这个 Zhège	シンリ 行李 xíngli	シー ター ダ マ 是 她 的 吗？ shì tā de ma
ナーグ 那个 Nàge	ドンシ 东西 dōngxi	シー シュェイ ダ 是 谁 的？ shì shuí de
ナーグ 那个 Nàge	シーピン 食品 shípǐn	シー ティェンジォン ダ マ 是 田中 的 吗？ shì Tiánzhōng de ma

第5章

			シーホァン ダ ドンシ マ 喜欢 的 东西 吗？ xǐhuan de dōngxi ma
			ブー シーホァン ダ ドンシ マ 不 喜欢 的 东西 吗？ bù xǐhuan de dōngxi ma
ジゥ 这 Zhè	シー 是 shì	ニー 你 nǐ	シァンヤォ ダ ドンシ マ 想要 的 东西 吗？ xiǎng yào de dōngxi ma
			ブー ヤォ ダ ドンシ マ 不要 的 东西 吗？ bú yào de dōngxi ma

第5章／これだけは丸暗記しておきたい　短いフレーズによる質問

CDトラック 45

私の荷物はこれですか？

| 私
あなた
彼
彼女
鈴木さん | の荷物は
の饅頭は
の欲しいものは
の探しているものは
の好きなものは
の嫌いなものは | これですか？
それですか？
あれですか？
どれですか？ |

応用

● 疑問文から主張する文へ

あなたの荷物はそれです。
你 的 行李 是 那个。
Nǐ de xíngli shì nàge
ニー ダ シンリ シー ナーグ

私の好きなものはこれです。
我 喜欢 的 东西 是 这个。
Wǒ xǐhuan de dōngxi shì zhège
ウォー シーホァン ダ ドンシ シー ジュグ

鈴木さんの探しているものはあれです。
铃木 先生 在 找 的 东西
Língmù xiānsheng zài zhǎo de dōngxi
リンム シェンシャン― ザイ ジァオ ダ ドンシ
是 那个。
shì nàge
シー ナーグ

45 私の荷物はこれですか？

我 Wǒ	的 行李 de xíngli	是 这个 吗？ shì zhège ma
你 Nǐ	的 馒头 de mántou	
他 Tā	要 的 东西 yào de dōngxi	是 那个 吗？ shì nàge ma
她 Tā	在 找 的 东西 zài zhǎo de dōngxi	
铃木 先生 Língmù xiānsheng	喜欢 的 东西 xǐhuan de dōngxi	是 哪个？ shì nǎge
	不 喜欢 的 东西 bù xǐhuan de dōngxi	

> この文例は、主語＋「是」動詞＋述語、の形を使った疑問文です（21～22ページ参照）。日本語の「～です」にあたる「是」動詞の手前に主語としての名詞（「荷物」「饅頭」「もの」）があり、さらに、その手前にそれぞれの名詞の所有を、「私」「あなた」などの人称に「～の」にあたる「的」を付けて表現します。「～の探している」など、各々の人称に加える条件は、人称と「的」の間に入ります。なお、中国語には「それ」と「あれ」の区別がありません（46ページ参照）。

● 否定文

私の荷物はこれではありません。

我 的 行李 不 是 这个。
Wǒ de xíngli bú shì zhège

● 語順を入れ替えた表現

これは私の荷物ではありません。

这 不 是 我 的 行李。
Zhè bú shì wǒ de xíngli

ここはどこですか？

CDトラック 46

ここは		どこですか？
この その あの 私の あなたの 彼の 彼女の	空港は 品物は 荷物は 部屋は 席は チケットは	どこにありますか？
私の あなたの 彼の 彼女の	同伴者は 友人は 家族は	どこにいますか？

応用

● 語順を入れ替えた表現

どこが私の席ですか？	哪儿 是 我 的 座位？ Nǎr shì wǒ de zuòwèi ナール シー ウォ ダ ヅゥオウェイ
どの人があなたの同伴者ですか？	谁 是 你 的 同伴？ Shuí shì nǐ de tóngbàn シゥェイ シー ニー ダ トンバン

ここはどこですか？

这里 是 zhèli shì		哪儿？ nǎr
这个 Zhège 那个 Nàge 那个 Nàge 我的 Wǒ de 你的 Nǐ de 他的 Tā de 她的 Tā de	机场 jīchǎng 东西 dōngxi 行李 xíngli 房间 fángjiān 座位 zuòwèi 车票 chēpiào	在 哪儿？ zài nǎr
我的 Wǒ de 你的 Nǐ de 他的 Tā de 她的 Tā de	同伴 tóngbàn 朋友 péngyou 家人 jiārén	在 哪儿？ zài nǎr

誰があなたの家族ですか？	谁 是 你 的 家人？ Shuí shì nǐ de jiārén
これはどこで買えますか？	这 是 在 哪儿 买 的？ Zhè shì zài nǎr mǎi de

なぜ泣くのですか？

あなたは 彼（彼女）は あの人は 先生は お父さんは 鈴木さんは	なぜ	泣くのですか？ 泣いたのですか？ 泣いているのですか？ 泣いていたのですか？ 泣かないのですか？ 泣かなかったのですか？

応用

あなたは、なぜ、この学校で学ぶのですか？	你 为什么 在 这个 学校 学习？ Nǐ wèishénme zài zhège xuéxiào xuéxí ニー ウェイシェンマ ザイ ジゥグ シュエシァオ シュエシ
あなたは、なぜ、日本語を学ぶのですか？	你 为什么 学习 日语？ Nǐ wèishénme xuéxí Rìyǔ ニー ウェイシェンマ シュエシ リーユィ
あなたは、なぜ、宿舎に帰ったのですか？	你 为什么 回 宿舍 了？ Nǐ wèishénme huí sùshè le ニー ウェイシェンマ ホイ スゥシゥー ラ

CD 47 なぜ泣くのですか？

ニー **你** Nǐ		クウ **哭？** Kū
ター （ター） **他（她）** Tā （Tā）		クウ ラ **哭 了？** kū le
ナーグ レン **那个 人** Nàge rén	ウェイシェンマ **为什么** wèishénme	ザイ クウ **在 哭？** zài kū
ラオシー **老师** Lǎoshī		クウ ラ **哭 了？** kū le
バーバ **爸爸** Bàba		ブ クウ **不 哭？** bù kū
リンムー シェンシャン— **铃木 先生** Língmù xiānsheng		メェイヨウ クウ **没有 哭？** méiyǒu kū

第5章

動作・感情を表す **単語**

[笑う] ▶ シァオ	笑	xiào
[怒る] ▶ シェンチ	生气	shēngqì
[来る] ▶ ライ	来	lái
[帰る] ▶ ホイ	回	huí
[働く] ▶ ゴンツゥオ	工作	gōngzuò
[学ぶ] ▶ シュエシ	学习	xuéxí
[出勤する] ▶ チェウゴンヅゥオ	去工作	qù gōngzuò
[喜ぶ] ▶ ガオシー	高兴	gāoxìng
[悲しむ] ▶ ベイシァンー	悲伤	bēishāng
[遊ぶ] ▶ ワール	玩儿	wánr
[さぼる] ▶ トウラン	偷懒	tōulǎn
[焦る] ▶ ジァオジ	着急	zháojí
[疑う] ▶ ホゥァイー	怀疑	huáiyí
[嫌う] ▶ タオイエン	讨厌	tǎoyàn
[憎む] ▶ ヘン	恨	hèn

第5章／これだけは丸暗記しておきたい　短いフレーズによる質問

CDトラック 48

どうしてこんなに安いのですか？

この その あの	店は	どうして	こんなに そんなに あんなに	安いのですか？ 高いのですか？ 近いのですか？ 遠いのですか？

さまざまな形容詞①

日本語	カナ	中国語	ピンイン
[短い]	ドゥァン	短	duǎn
[長い]	チャンー	长	cháng
[小さい]	シァオ	小	xiǎo
[大きい]	ダー	大	dà
[軽い]	チンー	轻	qīng
[重い]	ジォンー	重	zhòng
[細い]	シ	细	xì
[太い]	ツウ	粗	cū
[薄い]	バォ	薄	báo
[厚い]	ホゥ	厚	hòu
[浅い]	チェン	浅	qiǎn
[深い]	シェン	深	shēn
[寒い]	レンー	冷	lěng
[涼しい]	リァンクァイ	凉快	liángkuai
[暑い]	ジゥ	热	rè
[冷たい]	リァン	凉	liáng
[熱い]	タンー	烫	tàng
[少ない]	シァオ	少	shǎo
[多い]	ドゥオ	多	duō

CD 48 どうしてこんなに安いのですか？

| ジゥ ジァ
这 家
Zhè jiā
ナー ジァ
那 家
Nà jiā
ナー ジァ
那 家
Nà jiā | シャンディェン
商店
shāngdiàn | ウェイシェンマ
为什么
wèishénme | ジュマ
这么
zhème
ナーマ
那么
nàme
ナーマ
那么
nàme | ピェンイ
便宜？
piányi
グェイ
贵？
guì
ジン
近？
jìn
ユゥェン
远？
yuǎn |

第5章

応用

この店がこんなに安いのは どうしてですか？	这 家 商店 为什么 这么 便宜？ Zhè jiā shāngdiàn wèishénme zhème piányi ジゥ ジァ シャンディェン ウェイシェンマ ジュマ ピェンイ
どうして、あなたは そんなに怒るのですか？	你 为什么 那么 生气？ Nǐ wèishénme nàme shēngqì ニー ウェイシェンマ ナーマ シェンチ
あんなに遠い駅に どうして行くのですか？	为什么 去那么 远 的 车站？ Wèishénme qù nàme yuǎn de chēzhàn ウェイシェンマ チュー ナーマ ユゥェン ダ チゥジャン

さまざまな形容詞②

[速い] ▶ クァイ	………	快 kuài
[遅い（のろい）] ▶ マン	………	慢 màn
[早い] ▶ ザオ	………	早 zǎo
[遅い] ▶ ワン	………	晚 wǎn
[美しい] ▶ メェイ	………	美 měi
[醜い] ▶ チョウ	………	丑 chǒu

第5章／これだけは丸暗記しておきたい　短いフレーズによる質問

地理・地形と天文に関する**単語**

●地理・地形

日本語	カナ読み	中国語	ピンイン
[池]	チー／チータンー	池／池塘	chí / chítáng
[市場]	シーチャンー	市场	shìchǎng
[海]	ハイ	海	hǎi
[運河]	ユィンホゥ	运河	yùnhé
[丘]	チウリンー	丘陵	qiūlíng
[温泉]	ウェンチュエン	温泉	wēnquán
[河口]	ホゥコウ	河口	hékǒu
[火山]	ホォシャン	火山	huǒshān
[河]	ホゥ	河	hé
[観光地]	リゥーヨウジンチュ	旅游景区	lǚyóu jǐngqū
[郊外]	ジァオワイ	郊外	jiāowài
[高原]	ガオユゥェン	高原	gāoyuán
[砂漠]	シャモ	沙漠	shāmò
[島]	ダオ	岛	dǎo
[商店街]	シァンイェジェ	商业街	shāngyè jiē
[森林]	センリン	森林	sēnlín
[草原]	ツァオユゥェン	草原	cǎoyuán
[大陸]	ダールゥ	大陆	dàlù
[滝]	プーブ	瀑布	pùbù
[谷]	シャーグゥ	峡谷	xiágǔ
[田畑]	ティェンディ	田地	tiándì
[土地]	トウディ	土地	tǔdì
[半島]	バンダオ	半岛	bàndǎo
[広場]	グァンチャンー	广场	guǎngchǎng
[平野]	ピンユゥェン	平原	píngyuán
[湖]	フウ	湖	hú
[港]	ガンコウ／マトウ	港口／码头	gǎngkǒu / mǎtou
[山]	シャン	山	shān
[湾]	ガンワン	港湾	gǎngwān

●天文

日本語	カナ読み	中国語	ピンイン
[宇宙]	ユィジョウ	宇宙	yǔzhòu
[空]	ティェンコンー	天空	tiānkōng
[太陽]	タイヤンー	太阳	tàiyáng
[地球]	ディチィウ	地球	dìqiú
[月]	ユエリァンー	月亮	yuèliang
[星]	シンシンー	星星	xīngxing

第1章

動作・感情・形態を表現する短いフレーズ

第2部

▶▶▶ 中国語会話すぐに使える短いフレーズ

第1章／動作・感情・形態を表現する短いフレーズ

CDトラック II-1

▶▶▶▶ 短いフレーズで
主張する

［履歴書］が必要です。
→ シューヤォ ［リゥーリーシュゥ］

需要［履历书^{履歴書}］。
Xūyào　［lǔlìshū］

［友達］が欲しいです。
→ シァンー ジァォ ［パンヨウ］

想 交［朋友^{友達}］。
（付き合う）
Xiǎng jiāo ［péngyou］

> 「想～」は、「～が欲しい」「～がしたい」という表現です。「想」＋「動詞」＋「目的語」の語順で「映画を見たい」「中国へ行きたい」などの表現が作れます。

結構です（いりません）。
→ ブー ヤォ

不 要。
Bú yào

（意味を）わかっています。
→ ミンバイ

明 白。
Míngbai

（意味が）わかりません。
→ ブー ミンバイ

不 明 白。
Bù míngbai

知っています。→ ジーダォ	知道。 Zhīdao
知りません。→ ブー ジーダォ	不知道。 Bù zhīdao
好きです。→ シーホァン	喜欢。 Xǐhuan
嫌いです。→ ブー シーホァン	不喜欢。 Bù xǐhuan
無理です。→ ブー クーナンー	不可能。 Bù kěnéng
理解できます。→ ナンー リージェ	能理解。 Néng lǐjiě
理解できません。→ ブー ナンー リージェ	不能理解。 Bù néng lǐjiě
納得できません。→ シャンー ブー トンー	想不通。 Xiǎng bu tōng

第1章／動作・感情・形態を表現する短いフレーズ

たぶん。 クーナンー	可能。 Kěnéng
ひょっとしたら。 シゥオブディンー	说不定。 Shuōbudìng
まだです。 ハイ メェイヨウ	还 没有（なお）。 Hái méiyǒu
何でもありません。 メェイ シェンマ	没 什么。 Méi shénme
困ります。 ヘン ウェイナン	很 为难（困らせる）。 Hěn wéinán
おっしゃるとおりです。 ニー シゥオ ダ ドゥイ	你 说 得 对。 Nǐ shuō de duì
あなたが間違っています。 ニー ブー ドゥイ	你 不 对。 Nǐ bú duì
問題ありません。 メェイ ウェンティ	没 问题。 Méi wèntí

主張する

私のものです。 ウォー ダ ドンシー	我 的 东西。 wǒ de dōngxi
私が行きます。 ウォー チュー	我 去。 Wǒ qù
私にください。 チンー ゲイ ウォー	请 给 我。 Qǐng gěi wǒ
私もそうしたいです。 ウォー イエ シァンー ジュヤンー	我 也 想 这样。 Wǒ yě xiǎng zhèyàng

▶私の
　　我 的
　　Wǒ de
　　ウォー ダ

▶私が
　　我
　　Wǒ
　　ウォー

▶私に *1
　　给 我
　　Gěi wǒ
　　ゲイ ウォー

▶私も *2
　　我 也
　　Wǒ yě
　　ウォー イェー

> *1：通常の中国語では「给 我」の後に「何を」にあたる目的語がないと、文章として成り立ちません。　*2：通常の中国語では「我 也」の後に動詞を付けないと、文章として成り立ちません。

第1章／動作・感情・形態を表現する短いフレーズ

▶▶▶ 短いフレーズで 依頼する

CDトラック II-2

| お願いします。
→
チンー ドゥオ グァンジァオ | 请 多 关 照。<small>（世話をする）</small>
Qǐng duō guānzhào |

| お願いがあるのですが。
→
ヨウ シー チンー ニー バンマンー | 有 事 请 你 帮 忙。<small>（手伝う）</small>
Yǒu shì qǐng nǐ bāngmáng |

| 帰らせてください。
→
チンー ランー ウォー ヅォウ | 请 让 我 走。<small>（去る）</small>
Qǐng ràng wǒ zǒu |

| 私と一緒に来てください。
→
チンー ゲン ウォー ライ | 请 跟 我 来。<small>（ともに）</small>
Qǐng gēn wǒ lái |

| 急いでください。
→
チンー クァイ イーディアール | 请 快 一 点 儿。<small>（少し）</small>
Qǐng kuài yìdiǎnr |

| もっとゆっくりお願いします。
→
チンー マン イーディアール | 请 慢 一 点 儿。
Qǐng màn yìdiǎnr |

| CD | 2 | 依頼する |

第1章

待っていてください。
→
チンー ダンー イーシャー

请 等 一下。
Qǐng děng yíxià

ちょっと待ってください。
→
チンー ダンイーダンー

请 等一等。
Qǐng děngyìděng

> 「请 等 一下」の「一下」は「試しに～してみる」「ちょっと～する」といったニュアンスで、要求の内容をやわらげて表現する役割をします。一方「请 等一等」のように、「一」を挟んで動詞を繰り返すことで「ちょっと～する」という表現にすることも、動詞が1文字の場合には可能です。

書いてみてください。
→
チンー シェー イーシャー

请 写 一下。
Qǐng xiě yíxià

読んでみてください。
→
チンー ドゥー イーシャー

请 读 一下。
Qǐng dú yíxià

来てください。
→
チンー ライ イーシャー

请 来 一下。
Qǐng lái yíxià

通してください。
→
チンー ランー ウォー グオ イーシャー

请 让 我 过 一下。
Qǐng ràng wǒ guò yíxià

聴いてください。
→
チンー ティンー イーシャー

请 听 一下。
Qǐng tīng yíxià

第1章／動作・感情・形態を表現する短いフレーズ

短いフレーズで 許可を求める

CDトラック Ⅱ-3

| いいですか？ → クーイー マ | 可以 吗？ Kěyǐ ma |

| いいですよ。(許可を与える)／だめです。(不許可) → クーイー／ブークーイー | 可以。／不可以。 Kěyǐ Bù kěyǐ |

❗ 許可をもらうときは「可以」を使い、「吗」を文末に付けて、たずねる表現にします。

▶▶ 「これ」「ここ」を使って対象を限定する

| **これ**でいいですか？ → ジュヤンー クーイー マ | 这样(このように) 可以 吗？ Zhèyàng kěyǐ ma |

| **ここ**に座っていいですか？ → ジュル クーイー ヅゥオ マ | 这儿(ここ) 可以 坐(座る) 吗？ Zhèr kěyǐ zuò ma |

| **これ**を使っていいですか？ → ジュグ クーイー ヨンー マ | 这个(これ) 可以 用(使う) 吗？ Zhège kěyǐ yòng ma |

許可を求める

たばこを吸っていいですか？ クーイー チョウイェン マ	可以 抽烟 吗？ （たばこを吸う）	Kěyǐ chōuyān ma
窓を開けていいですか？ クーイー カイ チュァンー マ	可以 开窗 吗？ （開ける 窓）	Kěyǐ kāi chuāng ma
手を触れていいですか？ クーイー モー イーシャー マ	可以 摸 一下 吗？ （触る）	Kěyǐ mō yíxià ma
入っていいですか？ クーイー ジンチュー マ	可以 进去 吗？ （入って行く）	Kěyǐ jìnqu ma
撮影していいですか？ クーイー パイジァオ マ	可以 拍照 吗？ （撮影する）	Kěyǐ pāizhào ma
食べていいですか？ クーイー チー マ	可以 吃 吗？ （食べる）	Kěyǐ chī ma
飲んでいいですか？ クーイー ホゥー マ	可以 喝 吗？ （飲む）	Kěyǐ hē ma
持ち帰っていいですか？ クーイー ダイ ヅォゥ マ	可以 带 走 吗？ （持ち帰る）	Kěyǐ dài zǒu ma

第1章／動作・感情・形態を表現する短いフレーズ

短いフレーズで 断る

CDトラック II-4

もう結構。 → ブー ヤォ ラ	不要了。 Bú yào le
もう十分です。 → ゴゥ ラ	够了。（足りる） Gòu le
食べられません。／飲めません。 → ブー ナンー チー／ブー ナンー ホゥ	不能吃。／不能喝。（食べる／飲む） Bù néng chī　Bù néng hē

❗ **「能」を使った「食べられない」**
「能」は「能力がある」、「条件が備わっている」ので、できるの意味です。この「食べられません」は「お腹がいっぱいで食べられない」というニュアンスです。「苦手で食べられない」という意味ではありません。

食べられません。／飲めません。 → ブー ホイ チー／ブー ホイ ホゥ	不会吃。／不会喝。 Bú huì chī　Bú huì hē

❗ **「会」を使った「食べられない」**
「会」は習得、練習した結果の「できる」の意味です。この「食べられません」は「苦手で食べられない」「嫌いだから食べられない」「慣れていないので食べられない」といったニュアンスになります。「不」をはっきり発音しないと、「会吃（食べられます）」に聞こえてしまうので注意しましょう。

4 断る

だめです。 ブーシンー	不行。 Bù xíng
できません。 ブー ナンー	不能。 Bù néng
必要ありません。 ブー シューヤォ	不需要。 Bù xūyào
歩けません。 ブー ナンー ヅォゥ	不能走。 Bù néng zǒu
一歩も動けません。 ヅォゥブドンー	走不动。 Zǒubudòng
やめてください。 チンー ブー ヤォ ジゥヤンー	请不要这样。 Qǐng bú yào zhèyàng
帰ってください。 チンー ホイ バ	请回吧。 Qǐng huí ba
来ないでください。 チンー ブー ヤォ ライ	请不要来。 Qǐng bú yào lái

短いフレーズで感謝する／おわびする

ありがとう。 シェーシェ	谢谢。 Xièxie
どうもありがとうございました。 タイ シェーシェ ラ	太谢谢了。 Tài xièxie le
どういたしまして。 ブー シェ／ブー クーチー	不谢。／不客气。 Bú xiè　Bú kèqi
申し訳ありませんでした。 タイ バオチェン ラ	太抱歉了。（申し訳ない） Tài bàoqiàn le
ごめんなさい（すみません）。 ドゥイブチー	对不起。 Duìbuqǐ
残念です。 ヘン イーハン	很遗憾。（残念だ） Hěn yíhàn

CD 5 　感謝する／おわびする

第1章

お世話になりました。
（相手が個人の場合）
→
シェーシェ　ニー　ダ　ジァオグ

谢谢 你 的 照顾。(配慮する)
Xièxie nǐ de zhàogù

お世話になりました。
（相手が複数の人、あるいは組織の場合）
→
シェーシェ　ニーメン　ダ　ジァオグ

谢谢 你们 的 照顾。
Xièxie nǐmen de zhàogù

お手数をおかけしました。
（相手が個人の場合）
→
マーファン　ニー　ラ

麻烦 你 了。(煩わす)
Máfan nǐ le

お手数をおかけしました。
（相手が複数の人、あるいは組織の場合）
→
マーファン　ニーメン　ラ

麻烦 你们 了。
Máfan nǐmen le

❗ 中国語では「誰にお世話になったのか」「誰にお手数をかけたのか」という「目的語」が必要になります。そのため、相手が「あなた」の場合と「あなた方」の場合を併記しました。状況に応じて、使い分けてください。

私のせいではありません。
→
ブー　シー　ウォー　ダ　ヅゥレン

不 是 我 的 责任。
Bú shì wǒ de zérèn

第1章／動作・感情・形態を表現する短いフレーズ

▶▶▶ 短いフレーズで気持ちを表現する

CDトラック 6→7

感情を表す

嬉しいです。 → ヘン ガオシンー	很 高兴。 Hěn gāoxìng
悲しいです。 → ヘン ベイシャンー	很 悲伤。 Hěn bēishāng
おもしろいです。 → ヘン ヨウチュー	很 有趣。 Hěn yǒuqù
つまらないです。 → メェイ イースー	没 意思。 Méi yìsi
疲れました。 → レイ ラ	累 了。 Lèi le
さびしいです。 → ヘン ジーモ	很 寂寞。 Hěn jìmò

6 気持ちを表現する

こわいです。／不安です。 ヘン クーパ／ヘン ブーアン	很可怕。／很不安。 Hěn kěpà　　Hěn bù'ān
つらいです。 ヘン ナンショウ	很难受。 Hěn nánshòu
気分が良いです。 シンチンー ユィクァイ	心情愉快。（気分） Xīnqíng yúkuài
気分が悪いです。 シンチンー ブー ハオ	心情不好。 Xīnqíng bù hǎo

▶▶ 時制を加えて感情を表現する

今日は楽しいです。 ジンティエン ヘン ユィクァイ	**今天** 很愉快。 Jīntiān hěn yúkuài
昨日は楽しかったです。 ヅゥオティエン ヘン ユィクァイ	**昨天** 很愉快。 Zuótiān hěn yúkuài
明日は楽しいでしょう。 ミンティエン ホイ ヘン ユィクァイ	**明天** 会很愉快。 Míngtiān huì hěn yúkuài

❗「楽しい」も「楽しかった」も中国語では「愉快」ですが、時間を示す言葉で時制を区別します。あることが起こる可能性がある場合は「会」を使います。

第1章／動作・感情・形態を表現する短いフレーズ

▶▶ 「とても」「少し」「あまり」で程度を表す

| 驚きました。
↓
ヘン　チージンー | 很 吃惊。
Hěn　chījīng |

| とても驚きました。
↓
フェイチャンー　チージンー | 非常 吃惊。
Fēicháng　chījīng |

| 少し驚きました。
↓
ヨウディアール　チージンー | 有点儿 吃惊。
Yǒudiǎnr　chījīng |

| あまり驚いていません。
↓
ブー　タイ　チージンー | 不太 吃惊。
Bú　tài　chījīng |

感想を述べる

| すばらしい。
↓
タイ　バンー　ラ | 太 棒(すばらしい) 了。
Tài　bàng　le |

| すばらしい！
↓
タイ　バンー　ラ | 太 棒 啦！
Tài　bàng　la |

> 「太」は「あまりにも~すぎる」という意味です。文末に「了」や「啦」を付けることで、感嘆の気持ちを表現します。ほとんど同じように使われますが、どちらかと言えば、「了」より「啦」の方が、より強い気持ちを表します。

すばらしさを感じます。 → ジェダ タイ バン― ラ	觉得 太 棒 了。 Juéde tài bàng le
感心しました。 → タイ ペイフ― ラ	太 佩服 了。(感服する) Tài pèifú le
感動しました。 → タイ ガンドン― ラ	太 感动 了。 Tài gǎndòng le
美しい。 → タイ メェイ ラ	太 美 了。 Tài měi le
美しさを感じます。 → ジェダ ヘン メェイ	觉得 很 美。 Juéde hěn měi

> 中国語では日本語の「すばらしい」「美しい」などの形容詞が「すばらしさ」「美しさ」のように名詞化されることがありません。「棒」「美」のまま使います。「很」は、一般的に複音節の形容詞の前に付きますが、「とても」といった強調のニュアンスを持っています。

きれい！ → タイ メェイ ラ	太 美 啦！ Tài měi la
汚ない。／醜い。 → ザァン―／チョウ	脏。／丑。 Zāng Chǒu

第1章／動作・感情・形態を表現する短いフレーズ

それは残念です。 ジゥ タイ イーハン ラ	这 太 遗憾 了。（残念な） Zhè tài yíhàn le
彼がかわいそうです。 タ タイ クーリェン ラ	他 太 可怜 了。（かわいそうな） Tā tài kělián le
彼女がうらやましいです。 タイ シェンムー ター ラ	太 羡慕 她 了。（うらやむ） Tài xiànmù tā le
あなたにはがっかりしました。 ドゥイ ニー タイ シーワン ラ	对 你 太 失望 了。（失望する） Duì nǐ tài shīwàng le
落胆しました。 ヘン ホイシン	很 灰心。（がっくりくる） Hěn huīxīn
うんざりです。／もう、うんざり。 ヘン イエンファン／タイ イエンファン ラ	很 厌烦。／太 厌烦 了。（わずらわしく思う） Hěn yànfán Tài yànfán le
そのニュースには怒りを覚えました。 ドゥイ ナーティァオ シンウェン ガンダオ ヘン チーフェン	对 那条 新闻 感到（ニュース） Duì nàtiáo xīnwén gǎndào 很 气愤。（怒る） hěn qìfèn

▶▶ 「恥ずかしさ」には2種類ある

恥ずかしさを感じます。
↓
ガンダオ　ヘン　ハイシュー

感到 很 害羞。
Gǎndào　hěn　hàixiū
（恥じる）

恥ずかしさを感じます。
（恥辱という意味）
↓
ガンダオ　ヘン　シューチー

感到 很 羞耻。
Gǎndào　hěn　xiūchǐ
（恥ずかしい）

❗ 「害羞」は「きまりが悪い」というような、顔を赤らめる恥ずかしさ（例：もじもじと何を恥ずかしがっているの？）。「羞耻」は不道徳な行為などを恥じるニュアンス（例：そんな不正をして恥ずかしくないのですか？）。

▶▶ 「もう」「まだ」「きっと」を使って状況を説明する

もう慣れました。
↓
イージンー　シーグァン　ラ

已经 习惯 了。
Yǐjīng　xíguàn　le

まだ慣れません。
↓
ハイ　メェイヨウ　シーグァン

还 没有 习惯。
Hái　méiyǒu　xíguàn

きっと慣れるでしょう。
↓
イーディンー　ホイ　シーグァン

一定 会 习惯。
Yídìng　huì　xíguàn

第1章／動作・感情・形態を表現する短いフレーズ

▶▶ 「信じる」「疑う」のバリエーションを覚える

信じています。
→
シァンシン

相信。
Xiāngxìn

信じます。
→
シァンシン

相信。
Xiāngxìn

❗ 持続的な表現の「信じている」と「信じる」を、中国語の会話では、特に使い分けしません。

信じません。
→
ブー　シァンシン

不相信。
Bù　xiāngxìn

信じられます。
→
クー　シン

可信。
（できる）
Kě　xìn

信じられません。
→
ブークー　シン

不可信。
（できない）
Bùkě　xìn

信じたい。
→
シァンー　シァンシン

想相信。
Xiǎng xiāngxìn

（お互いに）信じ合っています。
→
フウシァンー　シンレン

互相信任。
（互いに）（信用する）
Hùxiāng xìnrèn

112

気持ちを表現する

疑っています。	怀疑。
ホゥァイー	Huáiyí

疑います。	怀疑。
ホゥァイー	Huáiyí

疑いません。	不 怀疑。
ブー ホゥァイー	Bù huáiyí

疑えません。	不可 怀疑。
ブークー ホゥァイー	Bùkě huáiyí

疑いたくありません。	不 想 怀疑。
ブー シァンー ホゥァイー	Bù xiǎng huáiyí

疑い始めました。	开始 怀疑。
カイシー ホゥァイー	Kāishǐ huáiyí

第1章／動作・感情・形態を表現する短いフレーズ

▶▶▶ 短いフレーズで 形態と色を表す

CDトラック II 8→9

形態／形状

この部屋は広いです。
→ ジゥ ファンジェン ヘン クァンチャン

这 房间 很 宽敞。
Zhè fángjiān hěn kuānchang
（部屋／面積が広い）

この部屋は私には広すぎます。
→ ジゥ ファンジェン ドゥイ ウォー ライシゥオ タイ ダー ラ

这 房间 对 我 来说 太 大 了。
Zhè fángjiān duì wǒ láishuō tài dà le

彼は身長が高いです。
→ ター グーズ ヘン ガオ

他 个子 很 高。
Tā gèzi hěn gāo
（身長）

彼女は私よりも身長が低いです。
→ ター ビー ウォー アイ

她 比 我 矮。
Tā bǐ wǒ ǎi
（低い）

私の母はとても小柄です。
→ ウォー マーマ シー グ シァオ グァール

我 妈妈 是 个 小 个儿。
Wǒ māma shì ge xiǎo gèr
（背丈）

CD 8 形態と色を表す

第1章

兄より弟のほうが太っています。
→
ビーチー グーグ ディーディ
ビージァオ パンー

比起 哥哥，弟弟
Bǐqǐ　　gēge　　　dìdi
比较 胖。（太った）
bǐjiào　pàng

半年で5kgも太りました。
→
バンニェンリー パンー ラ
ウー ゴンジン

半年里 胖 了
Bànniánli　pàng　le
五 公斤。
wǔ　gōngjīn

もっと大きくしてください。
→
ザイ ダー イーディアール

再 大 一点儿。
Zài　dà　　yìdiǎnr

ひと回り大きい服は
ありますか？
→
ヨウ ザイ ダー イー ハオ ダ
イーフー マ

有 再 大 一 号 的
Yǒu　zài　dà　yí　hào　de
衣服 吗？
yīfu　ma

もっと大きい袋はありますか？
→
ヨウ ザイ ダー イーディアール ダ
ダイズ マ

有 再 大 一点儿 的
Yǒu　zài　dà　yìdiǎnr　de
袋子 吗？
dàizi　ma

この荷物は3kg以上あります。
→
ジュ シンリ ヨウ サン ゴンージン
イーシャンー ジョンー

这 行李 有 三 公斤（荷物）
Zhè　xíngli　yǒu　sān　gōngjīn
以上 重。
yǐshàng　zhòng

第1章／動作・感情・形態を表現する短いフレーズ

2kg以下なら割引料金です。 リァンー ゴンジン イーシャー ヨウ ダージゥー	两公斤以下有打折。 Liǎng gōngjīn yǐxià yǒu dǎzhé
3箱分の量があります。 ヨウ サン グ シァンズ ダ フェンリァンー	有三个箱子的份量。 Yǒu sān ge xiāngzi de fènliàng
これが一番重いです。 ジゥグ ヅゥイ ジォンー	这个最重。 Zhège zuì zhòng
こんなに重くては持てません。 ジゥマ ジォンー ナーブドンー	这么重，拿不动。 Zhème zhòng nábudòng
駅まで近いです。 リー チゥジァン ヘン ジン	离车站（駅）很近。 Lí chēzhàn hěn jìn
駅まで遠いです。 リー チゥジァン ヘン ユゥエン	离车站很远。 Lí chēzhàn hěn yuǎn
駅から遠すぎます。 リー チゥジァン タイ ユゥエン ラ	离车站太远了。 Lí chēzhàn tài yuǎn le

形態を表す単語

[広い ↔ 狭い] ▶ クァンチャン― ↔ ジャイシァオ
　　　　　　　　　　　　　　宽敞 ⇔ 窄小　kuānchang ⇔ zhǎixiǎo
[大きい ↔ 小さい] ▶ ダ― ↔ シァオ ………… 大 ⇔ 小　dà ⇔ xiǎo
[高い ↔ 低い] ▶ ガオ ↔ ディ ……………… 高 ⇔ 低　gāo ⇔ dī
[長い ↔ 短い] ▶ チャン― ↔ ドゥアン …… 长 ⇔ 短　cháng ⇔ duǎn
[深い ↔ 浅い] ▶ シェン ↔ チェン ………… 深 ⇔ 浅　shēn ⇔ qiǎn
[重い ↔ 軽い] ▶ ジョン― ↔ チン― ……… 重 ⇔ 轻　zhòng ⇔ qīng
[遠い ↔ 近い] ▶ ユゥェン ↔ ジン ………… 远 ⇔ 近　yuǎn ⇔ jìn
[太っている ↔ 痩せている] ▶ パン― ↔ シォウ… 胖 ⇔ 瘦　pàng ⇔ shòu
[太い ↔ 細い] ▶ ツゥ ↔ シ ………………… 粗 ⇔ 细　cū ⇔ xì
[厚い ↔ 薄い] ▶ ホゥ ↔ バオ ……………… 厚 ⇔ 薄　hòu ⇔ báo
[硬い ↔ 軟らかい] ▶ イン― ↔ ルァン …… 硬 ⇔ 软　yìng ⇔ ruǎn
[丸／四角／三角] ▶ ユゥェンシン／ファン―シン／サンジァオシン―
　　　　　　　　　　　　圓形／方形／三角形　yuánxíng／fāngxíng／sānjiǎoxíng
[平ら ↔ 凹凸] ▶ ピンタン ↔ アオトゥ
　　　　　　　　　　　　　　平坦 ⇔ 凹凸　píngtǎn ⇔ āotū
[なめらか ↔ ざらざら] ▶ グァンホァ ↔ ツゥツァオ
　　　　　　　　　　　　　　光滑 ⇔ 粗糙　guānghuá ⇔ cūcāo
[しっとり ↔ ぱさぱさ] ▶ ズ―ルン ↔ ガンバーバ
　　　　　　　　　　　　　　滋润 ⇔ 干巴巴　zīrùn ⇔ gānbābā
[新しい ↔ 古い] ▶ シン ↔ ジィゥ ………… 新 ⇔ 旧　xīn ⇔ jiù
[明るい ↔ 暗い] ▶ ミン― ↔ アン ………… 明 ⇔ 暗　míng ⇔ àn
[強い ↔ もろい] ▶ ジェンチャン― ↔ シィルォ
　　　　　　　　　　　　　　坚强 ⇔ 脆弱　jiānqiáng ⇔ cuìruò
[濃い ↔ 淡い] ▶ ノン― ↔ ダン …………… 浓 ⇔ 淡　nóng ⇔ dàn

第1章／動作・感情・形態を表現する短いフレーズ

色

何色が好きですか？	喜欢 什么 颜<ruby>色</ruby>？
シーホァン シェンマ イェンスゥ	Xǐhuan shénme yánsè

喜<ruby>欢</ruby>（好き）

青が好きです。	喜欢 蓝色。
シーホァン ランスゥ	Xǐhuan lánsè

紫色はあまり好きではありません。	不太 喜欢 紫色。
ブー タイ シーホァン ズースゥ	Bú tài xǐhuan zǐsè

緑色の服は嫌いです。	不 喜欢 绿色 的 衣服。
ブー シーホァン リュースゥ ダ イーフー	Bù xǐhuan lǜsè de yīfu

黄色が私のラッキーカラーです。	黄色 是 我 的 幸运 色。
ホァンスゥ シー ウォー ダ シンユィン スゥ	Huángsè shì wǒ de xìngyùn sè

欲しいのは赤いセーターです。	想要 的 是 红色 的 毛衣。
シァンヤォ ダ シー ホンスゥ ダ マォイー	Xiǎngyào de shì hóngsè de máoyī（セーター）

形態と色を表す

洋服は黒しか着ません。
→
イーフー ジー チュァン ヘイスゥ ダ

衣服 只 穿（着る）黑色 的。
Yīfu zhǐ chuān hēisè de

私の車は白です。
→
ウォー ダ チゥ シー バイスゥ ダ

我 的 车 是 白色 的。
Wǒ de chē shì báisè de

色を表す単語

日本語	カナ	中国語	ピンイン
[白] ▶	バイスゥ	白色	báisè
[黒] ▶	ヘイスゥ	黑色	hēisè
[赤] ▶	ホンスゥ	红色	hóngsè
[ピンク] ▶	フェンホンスゥ	粉红色	fěnhóngsè
[黄色] ▶	ホァンスゥ	黄色	huángsè
[オレンジ色] ▶	ジューホァンースゥ	橘黄色	júhuángsè
[青] ▶	ランスゥ	蓝色	lánsè
[水色] ▶	ダンランスゥ	淡蓝色	dànlánsè
[紺色] ▶	ザァンーチンスゥ	藏青色	zàngqīngsè
[緑] ▶	リュースゥ	绿色	lǜsè
[茶色] ▶	カーフェイスゥ	咖啡色	kāfēisè
[紫] ▶	ズースゥ	紫色	zǐsè
[グレー] ▶	ホイスゥ	灰色	huīsè
[アイボリー] ▶	シァンヤスゥ	象牙色	xiàngyásè
[ベージュ] ▶	ミースゥ	米色	mǐsè
[セピア] ▶	シェンヅォンスゥ	深棕色	shēnzōngsè
[金色] ▶	ジンスゥ	金色	jīnsè
[銀色] ▶	インスゥ	银色	yínsè

第1章

台所と調理に関する**単語**

●台所用品

日本語	カナ	中国語	ピンイン
[小皿]	ディズ	碟子	diézi
[コップ]	ベイズ	杯子	bēizi
[コンロ]	ルウズ	炉子	lúzi
[皿]	パンズ	盘子	pánzi
[食器]	ツァンジュ	餐具	cānjù
[炊飯器]	ディェンファングオ	电饭锅	diànfànguō
[スプーン]	シャオズ／ティァオゲン	勺子／调羹	sháozi／tiáogēng
[茶碗]	ワン	碗	wǎn
[電子レンジ]	ウェイボルウ	微波炉	wēibōlú
[どんぶり]	ダーワン／ハイワン	大碗／海碗	dàwǎn／hǎiwǎn
[ナイフ]	シァオダオ／ツァンダオ	小刀／餐刀	xiǎodāo／cāndāo
[流し台]	シーワンチー	洗碗池	xǐwǎnchí
[鍋]	グオ	锅	guō
[箸]	クァイズ	筷子	kuàizi
[フォーク]	チャズ	叉子	chāzi
[フライパン]	ジェングオ／ピンディグオ	煎锅／平底锅	jiānguō／píndǐguō
[包丁]	ツァイダオ	菜刀	càidāo
[まな板]	ジェンバン／チェツァイバン	砧板／切菜板	zhēnbǎn／qiēcàibǎn
[やかん]	シゥェイフウ	水壶	shuǐhú
[冷蔵庫]	ビンシャンー	冰箱	bīngxiāng

●調理法

日本語	カナ	中国語	ピンイン
[和える]	バン／リャンバン	拌／凉拌	bàn／liángbàn
[揚げる]	ジャ／ヨウジャ	炸／油炸	zhá／yóuzhá
[洗う]	シー	洗	xǐ
[炒める]	チァオ	炒	chǎo
[(魚を)おろす]	チェピェン	切片	qiē piàn
[皮をむく]	バオピー／シァオピー	剥皮／削皮	bāo pí／xiāo pí
[切る]	チェ	切	qiē
[煮る(ゆでる)]	ジゥ	煮	zhǔ
[冷やす]	ランチュエ	冷却	lěngquè
[混ぜる]	ジァオバン	搅拌	jiǎobàn
[まぶす]	サーシャンー／モーシャンー	撒上／抹上	sǎshang／mǒshang
[蒸す]	ジェン	蒸	zhēng
[盛り付ける]	チェンパン	盛盘	chéngpán
[焼く]	カオ／シァオカオ	烤／烧烤	kǎo／shāokǎo

第2章

仕事で使える短いフレーズ

第2部

▶▶▶ 中国語会話 すぐに使える短いフレーズ

第2章／仕事で使える短いフレーズ

電話に関する短いフレーズ

CDトラック II-10

電話をかける

もしもし。
ウェイ

喂。
Wèi

[東京産業]の[山田]と申します。
ウォー シー [ドンジンー チャンイェ] ダ [シャンティェン]

我 是 [东京 产业] 的 [山田]。
Wǒ shì [Dōngjīng chǎnyè] de [Shāntián]

[周様]をお願いします。
チンー [ジォゥ シェンシャンー] ティンー ディェンホァ

请 [周 先生] 听 电话。
Qǐng [Zhōu xiānsheng] tīng diànhuà

[電話があった]と、お伝えください。
チンー ジゥァンガオ ター [ウォー ライグオ ディェンホァ]

伝言する
请 转告 他,
Qǐng zhuǎngào tā

[我 来过 电话]。
[wǒ láiguo diànhuà]

交換単語

[電話が欲しい] ▶ ゲイ ウォー ホイ ガ ディェンホァ
……………[给我回个电话] gěi wǒ huí ge diànhuà

[連絡が欲しい] ▶ ゲン ウォー リェンシ……[跟我联系] gēn wǒ liánxì

CD 10 電話に関する

後ほどかけ直します。
→
イーホァール ザイ ダー

一会儿 再 打。
Yíhuìr zài dǎ

私の電話番号は
123−4567です。
→
ウォー ダ ディェンホァ ハオマー
シー ヤオ アール サン スー ウー リュー チー

我 的 电话 号码（番号）
Wǒ de diànhuà hàomǎ
是 1 2 3 − 4 5 6 7。
shì yāo èr sān sì wǔ liù qī

❗ 電話番号や部屋番号では、「1」は「yāo」と発音します。「−（ハイフン）」は、読みません。

[陳様]宛に[ファックス]を
お送りします。
→
ゲイ [チェン シェンシャン−]
ファー [チュァンジェン]

给 [陈 先生]
Gěi [Chén xiānsheng]
发 [传真]（ファックス）
fā [chuánzhēn]

そちらの[ファックス番号]を
教えてください。
→
チン− ガオスゥ ウォー ニー ダ
[チュァンジェン ハオマー]

请 告诉（知らせる）我 你 的
Qǐng gàosu wǒ nǐ de
[传真 号码]。
[chuánzhēn hàomǎ]

交換単語

[メール] ▶ イーメイアール ………… [伊妹儿] yīmèir
[メールアドレス] ▶ イーメイアール ディージー … [伊妹儿 地址] yīmèir dìzhǐ
[直通番号] ▶ ジーシェン ディェンホァ … [直线 电话] zhíxiàn diànhuà
[内線番号] ▶ フェンジー ハオマー … [分机 号码] fēnjī hàomǎ
[住所] ▶ ディージー ………………… [地址] dìzhǐ
[郵便番号] ▶ ヨウジュン− ビェンマー … [邮政 编码] yóuzhèng biānmǎ
[最寄り駅] ▶ ヅゥィジンダ チゥジャン… [最近 的 车站] zuìjìn de chēzhàn

第2章／仕事で使える短いフレーズ

電話を受ける

はい、[三田貿易] です。
→
ニー ハオ ジゥリー シー
[サンティェン マオイー]

你好，这里是 [三田贸易]。
Nǐ hǎo zhèli shì [Sāntián màoyì]
（こちら）

いつもお世話になっております。
→
ジンチャンー チャンメンー
ニン ダ グァンジァオ

经常 承蒙 您 的 关照。
Jīngcháng chéngméng nín de guānzhào
（常ね）（していただく）（世話をする）

[劉様] よりお電話です。
→
[リュー シェンシャンー／リュー シァオジェ]
ライ ダ ディェンホァ

[刘 先生／刘 小姐] 来 的 电话。
[Liú xiānsheng / Liú xiǎojiě] lái de diànhuà

ただ今、他の電話に出ております。
→
ター ジゥンザイ ジェ チータ
ダ ディェンホァ

他 正在 接 其他 的 电话。
Tā zhèngzài jiē qítā de diànhuà
（ちょうど）（その他）

折り返しこちらに電話をかけてください。
→
チンー ランー ター ゲイ ウォー
ホイディェン

请 让 他 给 我 回电。
Qǐng ràng tā gěi wǒ huídiàn
（させる）

電話に関する

少々お待ちください。
→ チン シァオ ダンー イーシャー

请 稍 等 一下。
Qǐng shāo děng yíxià

中国語のわかる者に代わります。
→ ウォー ジアオ ホイ ジァンー ジォンウェン ダ ライ ジェ ディエンホァ

我 找 会 讲 中文 的 来 接 电话。
Wǒ zhǎo huì jiǎng Zhōngwén de lái jiē diànhuà

不在の場合の答え方

ただ今、席を外しています。
→ ター シェンザイ ブーザイ

他 现在 不在。
Tā xiànzài búzài

ただ今、[外出中]です。
→ ター [チゥチュー ラ]

他 [出去了]。
Tā [chūqu le]

交換単語
[会議中] ▶ ザイ カイホイ …… [在开会] zài kāihuì
[出張中] ▶ チゥツァイ チュー ラ …… [出差 去 了] chūchāi qu le

本日は休みを取っています。
→ ター ジンティエン シゥシー

他 今天 休息。
Tā jīntiān xiūxi

電話をするように伝えます。
→ ウォー ランー ター ゲイ ニー ホイディエン

我 让 他 给 你 回电。
Wǒ ràng tā gěi nǐ huídiàn

第2章／仕事で使える短いフレーズ

[3時] に戻る予定です。
→
ター ダーユエ [サン ディェン] ホイライ

予定する
他 大约 [三点] 回来。
Tā dàyuē [sān diǎn] huílai

すぐ戻ると思います。
→
ウォー シァンー ター マーシァンー ジィウ ホイライ

今すぐ
我 想 他 马上
Wǒ xiǎng tā mǎshàng
帰って来る
就 回来。
jiù huílai

外出していて、
本日は戻りません。
→
ター チゥチュー ラ ジンティエン ブー ホイライ ラ

他 出去 了, 今天
Tā chūqu le jīntiān
不 回来 了。
bù huílai le

電話があったと伝えます。
→
ウォー ガオスゥ ター ニー ライ グオ ディェンホァ

知らせる
我 告诉 他 你 来
Wǒ gàosu tā nǐ lái
过 电话。
guo diànhuà

ご用件をお聞きして、
伝言します。
→
ヨウ シー ガオスゥ ウォー ウォー ライ ジゥァンガオ ター

知らせる
有 事 告诉 我, 我
Yǒu shì gàosu wǒ wǒ
伝言する
来 转告 他。
lái zhuǎngào tā

連絡がありましたら
伝えておきますが。
→
ター ライ ディェンホァ シー ウォー ガオスゥ ター

他 来 电话 时 我
Tā lái diànhuà shí wǒ
告诉 他。
gàosu tā

会社の部署と役職を表す 単語

日本語	カタカナ	中国語	ピンイン
[経理担当の方]	クァイジダンダンー	会计担当	kuàijì dāndāng
[社長]	ヅォンジンリ	总经理	zǒngjīnglǐ
[取締役]	ドンシ	董事	dǒngshì
[役員]	ドンシ	董事	dǒngshì
[専務]	ジュァンウー	专务	zhuānwù
[常務]	チャンウー	常务	chángwù
[相談役]	ヅゥイガオグゥウェン	最高顾问	zuìgāo gùwèn
[顧問]	グゥウェン	顾问	gùwèn
[支社長]	フェンゴンスージンリ	分公司经理	fēngōngsī jīnglǐ
[局長]	ジュージァンー	局长	júzhǎng
[部長]	ブージァンー	部长	bùzhǎng
[課長]	クージァンー	科长	kēzhǎng
[係長]	グゥジァンー	股长	gǔzhǎng
[所長]	スゥオジァンー	所长	suǒzhǎng
[営業所長]	インーイエスゥオスゥオジァンー	营业所所长	yíngyèsuǒ suǒzhǎng
[本部長]	ベンブージァンー	本部长	běnbùzhǎng
[工場長]	チァンジァンー	厂长	chǎngzhǎng
[主任]	ジゥーレン	主任	zhǔrèn
[班長]	バンジァンー／ヅゥジァンー	班长／组长	bānzhǎng / zǔzhǎng
[職場長]	チゥジェンジゥーレン	车间主任	chējiān zhǔrèn
[技師長]	ヅォンーゴンチァンーシー	总工程师	zǒng gōngchéngshī
[事業部]	カイファーブ	开发部	kāifābù
[営業部]	インーイェブ	营业部	yíngyèbù
[経理部]	クァイジーブ	会计部	kuàijìbù
[管理部]	グァンリーブ	管理部	guǎnlǐbù
[企画部]	チーホァブ	企画部	qǐhuàbù
[総務部]	ヅォンウーブ	总务部	zǒngwùbù
[本社]	ヅォンゴンスー	总公司	zǒnggōngsī
[支社]	フェンゴンスー	分公司	fēngōngsī
[出張所]	バンシーチゥ	办事处	bànshìchù
[営業所]	インイエスゥオ	营业所	yíngyèsuǒ
[本部]	ベンブ	本部	běnbù
[支部]	ジーブ	支部	zhībù

第2章／仕事で使える短いフレーズ

挨拶する／応対する ▶▶▶▶ 短いフレーズ

受付で

[文京産業]の[山田]と申します。 → ウォー シー［ウェンジンー チャンイェ］ダ［シャンティェン］	我是［文京产业］的［山田］。 Wǒ shì [Wénjīng chǎnyè] de [Shāntián]
[販売部]の[周課長]にお会いしたいのですが。 → ウォー シァンー ジェン［シァオシォウブー］ダ［ジォゥ クージァンー］	我想见［销售部］的［周科长］。 Wǒ xiǎng jiàn [xiāoshòubù] de [Zhōu kēzhǎng]
[周様]と[2時]にお約束しています。 → ウォー ゲン［ジォゥ シェンシャンー］ユエザイ［リァンー ディェン］	我跟［周先生］ Wǒ gēn [Zhōu xiānsheng] 会う約束をする 约在［两点］。 yuēzài [liǎng diǎn]
お約束はしていないのですが。 ウォー メェイヨウ ユィユエ	予約する 我没有预约。 Wǒ méiyǒu yùyuē

| CD | 11 | 挨拶する／応対する |

ご担当者にお目にかかりたいのですが。
→
ウォー シァンー ジエン フーヅゥ ダ レン

我想见负责的人。
Wǒ xiǎng jiàn fùzé de rén

また改めておうかがいいたします。
→
ウォー ザイ ライ

我再来。
Wǒ zài lái

おうかがいしたことをお伝えください。
→
チンー ジゥァンガオ ウォー ダ ホァ

请转告我的话。
（伝言する）
Qǐng zhuǎngào wǒ de huà

名刺を彼にお渡しください。
→
チンー ゲイ ター ウォー ダ ミンピェン

请给他我的名片。
（名刺）
Qǐng gěi tā wǒ de míngpiàn

取り次ぐ

いらっしゃいませ。
→
ホァンインー グァンーリン

欢迎光临。
（お越しくださる）
Huānyíng guānglín

お名前をお聞かせください。
→
チンー ガオスゥ ウォー ニン ダ ミンズ

请告诉我您的名字。
（知らせる）
Qǐng gàosu wǒ nín de míngzi

どの部署にご用でしょうか？
→
ニン ジァオ ナーグ ブーメン

您找哪个部门？
（探す）
Nín zhǎo nǎge bùmén

第2章／仕事で使える短いフレーズ

お約束いただいているでしょうか？
（面会などの予約の有無）
→ ニン ユィユエ ラ マ

您 预约（予約する） 了 吗？
Nín yùyuē le ma

[関係者]を呼んでまいります。
→ ウォー チュー ジァオ
[ヨウグァン レンユゥェン] ライ

我 去 叫（呼ぶ）
Wǒ qù jiào
[有关 人员] 来。
[yǒuguān rényuán] lái

交換単語
[スタッフ] ▶ ゴンヅゥオ レンユゥェン … [工作 人员] gōngzuò rényuán
[担当者] ▶ フーヅゥ レンユゥェン … [负责 人员] fùzé rényuán

[担当者]はただいま外出中です。
→ [フーヅゥ ダ レン] シェンザイ チゥチュー ラ

[负责 的 人] 现在
[Fùzé de rén] xiànzài
出去 了。
chūqu le

他の者でもよろしいでしょうか？
→ チーター ダ レン クーイー マ

其他 的 人 可以 吗？
Qítā de rén kěyǐ ma

しばらくこちらでお待ちください。
→ チンー ザイ ジゥル ダンー イーホァール

请 在 这儿
Qǐng zài zhèr
等（待つ） 一会儿（しばらく）。
děng yíhuìr

お掛けになってお待ちください。 チン ヅゥオジゥ ダン イーホァール	请坐着等一会儿。 Qǐng zuòzhe děng yíhuìr
[担当者]がただいま参ります。 [フーヅゥ ダ レン] マーシャンー ジィウ ライ	[负责的人]马上就来。 [Fùzé de rén] mǎshang jiù lái
[会議室]にご案内いたします。 ウォー ダイ ニン チュー [ホイイーシー]	我带您去[会议室]。 Wǒ dài nín qù [huìyìshì]

出迎える

よくいらっしゃいました。 ホァンイン グァンリン	欢迎光临。(お越しくださる) Huānyíng guānglín
ようこそ（歓迎いたします）。 ホァンイン ホァンイン	欢迎，欢迎。 Huānyíng huānyíng
お待ちしておりました。 ウォーメン ジェンー ダンジゥ ナ	我们正等着呢。 Wǒmen zhèng děngzhe ne
お待たせしました。 ランー ニン ジュウダンー ラ	让您久等了。(長いこと待つ) Ràng nín jiǔděng le

第2章／仕事で使える短いフレーズ

自己紹介

はじめまして。 チゥツー ジェンミェン	初次 见面。 Chūcì jiànmiàn（会う）
お久しぶりです。 ハオジュウ ブー ジェン	好久 不见。 Hǎojiǔ bú jiàn
ごぶさたしていました。 ハオジュウ ブー ジェン ラ	好久 不见了。 Hǎojiǔ bú jiàn le
直接お会いするのは、初めてですね。 ウォーメン ディーイーツー ジェンミェン	我们 第一次 见面。（最初） Wǒmen dìyīcì jiànmiàn
いつもお電話ばかりでしたね。 イージー ジーザイ ディェンホァリー シゥオホァ	一直 只在 电话里 说话。（ずっと） Yìzhí zhǐzài diànhuàli shuōhuà
私が[佐藤]です。 ウォー ジァオ [ヅゥオタンー]	我 叫 [佐藤]。 Wǒ jiào [Zuǒténg]

> 自分の名前を中国語にする場合、漢字はそのまま中国語の発音になります。名前がひらがなの場合は、意味が近い漢字や好きな漢字に置きかえて、それを中国語読みします。（巻末名前一覧参照）

私が [買い付け担当] の [佐藤] です。 → ウォー シー [フーツゥ ツァイゴォ] ダ [ヅゥオタンー]	我 是 [负责 采购]（買い付ける）的 [佐藤]。 Wǒ shì [fùze cǎigòu] de [Zuǒténg].
私が [工場長] の [佐藤] です。 → ウォー シー [チャンジァンー] [ヅゥオタンー]	我 是 [厂长] [佐藤]。 Wǒ shì [chǎngzhǎng] [Zuǒténg].
私が新任の [佐藤] です → ウォー シー シンライ ダ [ヅゥオタンー]	我 是 新来 的 [佐藤]。 Wǒ shì xīnlái de [Zuǒténg].
前任の [高橋] の代わりに赴任しました。 → ウォー シー ライ ジェティー チェンレン [ガオチァオ] ダ	我 是 来 接替（交替する）前任 [高桥] 的。 Wǒ shì lái jiētì qiánrèn [Gāoqiáo] de.
今後ともよろしくお願いします。 → イーホウ チンー ドゥオ グァンジァオ	以后 请 多 关照（世話する）。 Yǐhòu qǐng duō guānzhào.

第2章／仕事で使えるフレーズ

人を紹介する

この者が [山本] です。 ター　ジァオ　[シャンベン]	他 叫 [山本]。 Tā jiào [Shānběn]
こちらが [陳さん] です。 ジゥウェイ　シー　[チェン　シェンシャンー]	这位 是 [陈 先生]。 Zhèwèi shì [Chén xiānsheng]

交換単語
- [チームリーダー] ▶ ヅゥジァンー …… [组长] zǔzhǎng
- [指導員] ▶ ジーダオ ユゥェン ……… [指导员] zhǐdǎo yuán
- [責任者] ▶ フーヅゥレン ……………… [负责人] fùzérén
- [主任（チーフ）] ▶ ジゥーレン ……… [主任] zhǔrèn
- [上司] ▶ シァンージー ……………… [上级] shàngjí

[工場長] をしてもらっています。 ター　シー　[チャンジャンー]	他 是 [厂长]。 Tā shì [chǎngzhǎng]
彼（彼女）が通訳します。 ター（ター）ライ　ファンイ	他（她）来 翻译。 Tā (tā) lái fānyì
なかなか有能な人です。 ジゥ　レン　シァンダンー　ナンガン	这 人 相当 能干。 Zhè rén xiāngdāng nénggàn
良い仕事をしてくれています。 ゴンヅゥオ　ガンダ　ヘン　ハオ	工作 干得 很 好。 Gōngzuò gànde hěn hǎo

名刺交換

よろしくお願いします。 チンー ドゥオ グァンジァオ	请多关照。（世話をする） Qǐng duō guānzhào
これは私の名刺です。 ジゥー シー ウォー ダ ミンピェン	这是我的名片。（名刺） Zhè shì wǒ de míngpiàn
名刺をいただけますか？ ニー ナンー ゲイ ウォー ミンピェン マー	你能给我名片吗？（与える） Nǐ néng gěi wǒ míngpiàn ma
申し訳ありません。 名刺を切らしております。 ヘン バオチェン ウォー ダ ミンピェン ヨンワン ラ	很抱歉。我的（申し訳ない） Hěn bàoqiàn　Wǒ de 名片用完了。 míngpiàn yòngwán le
まだ日本での名刺しか ありませんが。 ジーヨウ ザイ リーベン ヨンー ダ ミンピェン	只有在日本 Zhǐyǒu zài Rìběn 用的名片。 yòng de míngpiàn
次回お目にかかったときに お渡しします。 シャーツー ジェンミェン シー ゲイ ニー	下次见面时（次回）（会う） Xiàcì jiànmiàn shí 给你。 gěi nǐ

第2章／仕事で使える短いフレーズ

会社・工場を案内する 🔊13

これが［会社案内］です。 ジゥー シー［ゴンスー ジェシャオ］	这是［公司 介绍］。 Zhè shì ［gōngsī jièshào］

交換単語
- ［詳細カタログ］▶ シァンシー ダ シァンピン ムールゥ ……［详细的商品目录］xiángxì de shāngpǐn mùlù
- ［製品リスト］▶ チャンピン ムールゥ ……［产品目录］chǎnpǐn mùlù
- ［新製品］▶ シン チャンピン …………［新产品］xīn chǎnpǐn
- ［組織図］▶ ヅゥジートウ ………………［组织图］zǔzhītú

中をご案内しましょう。 ウォー ダイ ニーメン ツァングァン	我带你们参观。 Wǒ dài nǐmen cānguān
ご覧ください。 チンー カン	请看。 Qǐng kàn
こちらが［管理部］です。 ジゥリー シー［グァンリーブー］	这里是［管理部］。 Zhèli shì ［gǎunlǐbù］
何かご質問はありませんか？ ニン ヨウ シェンマ ウェンティー マ	您有什么问题吗? Nín yǒu shénme wèntí ma
ここはお見せできません。 ジゥリー ブー クーイー ツァングァン	这里不可以参观。 Zhèli bù kěyǐ cānguān

CD 13 挨拶する／応対する

自信をもってお見せできるものです。
→ ジュー シー ウォーメン ダ ヨウジ チャンピン

这 是 我们 的 优质 产品。
Zhè shì wǒmen de yōuzhì chǎnpǐn

別れるときの挨拶

お疲れになったのではありませんか？
→ レイ ラ マ

累了吗？（疲れる）
Lèi le ma

[ご満足]いただけましたか？
→ ナンー [マンイー] マ

能[满意]吗？
Néng [mǎnyì] ma

交換単語
[ご理解] ▶ リージエ ……………… [理解] lǐjiě
[ご納得] ▶ トンイー ……………… [同意] tóngyì

またお越しください。
→ チンー ザイ ライ

请 再 来。
Qǐng zài lái

次回は私のほうからお訪ねします。
→ シャーツー ウォー チュー バイファンー ニー

下次 我 去 拜访 你。（訪問する）
Xiàcì wǒ qù bàifǎng nǐ

お気を付けてお帰りください。
→ チンー ヅォゥ ハオ

请 走 好。（帰る）
Qǐng zǒu hǎo

第2章

第2章／仕事で使える短いフレーズ

社内でコミュニケーションを取る ▶▶▶ 短いフレーズ

CDトラック 14→15

出社時

おはよう！
→ ザオ

早！
Zǎo

おはようございます。
→ ザオシャンー ハオ

早上 好！
Zǎoshang hǎo

今日も頑張りましょう！
→ ジンティェン イエ ジャーヨウ アー

今天 也 加油 啊！
Jīntiān yě jiāyóu a

（がんばる）

退社時

帰っていいですか？
→ クーイー ヅォゥ ラ マ

可以 走 了 吗？
kěyǐ zǒu le ma

（帰る）

先に帰ります。
→ ウォー シェン ヅォゥ ラ

我 先 走 了。
Wǒ xiān zǒu le

CD 14 社内でコミュニケーションを取る

お先に！ → ウォー シェン ヅォゥ ラ	我先走啦！ Wǒ xiān zǒu la
お先に失礼します。 → ドゥイブチー ウォー シェン ヅォゥ ラ	对不起， Duìbuqǐ 我先走了。 wǒ xiān zǒu le
ごくろうさま。 → シンクー ラ	辛苦了。（苦労をかける） Xīnkǔ le
お疲れさま！ → シンクー ラ	辛苦啦！ Xīnkǔ la
お疲れさまでした。 → ニー シンクー ラ	你辛苦啦！ Nǐ xīnkǔ la
また[明日]！ → [ミンティエン] ジェン	[明天]见！ [Míngtiān] jiàn

交換単語
- [後ほど] ▶ ホイトウ ……………… [回头] huítóu
- [来週] ▶ シャージォウ ……………… [下周] xiàzhōu

第2章／仕事で使える短いフレーズ

仕事中

| わかりましたか？ → ミンバイ ラ マ | 明白 了 吗？ Míngbai le ma |

わかりましたか？
→ ミンバイ ラ マ

明白 了 吗？
Míngbai le ma

慣れましたか？
→ シーグァン ラ マ

习惯(慣れる) 了 吗？
Xíguàn le ma

順調ですか？
→ シゥンリー マ

顺利 吗？
Shùnlì ma

まあまあですね。
→ ハイ ハオ

还 好。
Hái hǎo

どうかしましたか？
→ ヅェンマ ラ

怎么 啦？
Zěnme la

しばらく出かけます。
→ ウォー チュチュー イーホァール

我 出去(外出する) 一会儿(しばらく)。
Wǒ chūqu yíhuìr

昼食に行ってきます。
→ ウォー チュー チー ウーファン

我 去 吃 午饭。
Wǒ qù chī wǔfàn

140

[3時]には戻ります。
→
[サン ディェン] ホイライ

[三点]回来。
[Sān diǎn] huílai
（戻ってくる）

指示／説明

お入りなさい。
→
チン― ジン

请 进。
Qǐng jìn
（入る）

座ってください。
→
チン― ヅゥオ

请 坐。
Qǐng zuò
（座る）

立ってください。
→
チン― ジァンチーライ

请 站起来。
Qǐng zhànqǐlái
（立つ）

私の後について来てください。
→
チン― ゲン ウォー ライ

请 跟 我 来。
Qǐng gēn wǒ lái
（ともに）

[彼]と一緒に作業してください。
→
チン― ゲン [ター] イーチー ヅゥオ

请 跟 [他] 一起 做。
Qǐng gēn [tā] yìqǐ zuò
（一緒に）

残業をしてもらえますか？
→
ニー クーイー ジャーバン マ

你 可以 加班 吗？
Nǐ kěyǐ jiābān ma
（残業）

第2章／仕事で使える短いフレーズ

急ぎの仕事があります。
→
ヨウ　ジンジー　ゴンヅゥオ

有 紧急 工作。
　　緊急の　仕事
Yǒu jǐnjí gōngzuò

私と同じようにしてください。
→
チンー　ゲン　ウォー　イーヤンー　ヅゥオ

请 跟 我 一样 做。
　　従う　同じである　行う
Qǐng gēn wǒ yíyàng zuò

[4時]までに終わらせてください。
→
チンー　ザイ　[スーディェン]
イーチエン　ワンチャンー

请 在 [四点]
Qǐng zài [sìdiǎn]
以前 完成。
yǐqián wánchéng

これを片付けてください。
→
チンー　ショウシー　イーシャー

请 收拾 一下。
Qǐng shōushi yíxià

コピーを取ってください。
→
チンー　フーイン　イーシャー

请 复印 一下。
　　コピー
Qǐng fùyìn yíxià

早くしてください。
→
チンー　クァイ　イーディアール

请 快 一点儿。
Qǐng kuài yìdiǎnr

[この箱]を運んでください。
→
チンー　バン　イーシャー
[ジゥグ　シァンズ]

请 搬 一下
　　運ぶ
Qǐng bān yíxià
[这个 箱子]。
[zhège xiāngzi]

社内でコミュニケーションを取る

これを [張さん] に渡してください。 → チン― ゲイ [ジャン―シェンシャン―] ジゥグ	请 给 [张 先生] 这个。 Qǐng gěi [Zhāng xiānsheng] zhège
ていねいに作業してください。 → チン― ヅゥオダ ジーシー イーディアール	请 做得 仔细 一点儿。 Qǐng zuòde zǐxì yìdiǎnr (注意深い)
気を付けてください。 → チン― シァオシン	请 小心。 Qǐng xiǎoxīn
作業を中断してください。 → チン― ティンゴン―	请 停工。 Qǐng tínggōng (仕事を止める)
休憩時間です。 → シェンザイ シゥシー バ	现在 休息 吧。 Xiànzài xiūxi ba
これに触れないでください。 → チン― ブー ヤォ チゥ―モ―	请 不 要 触摸。 Qǐng bú yào chùmō (触れる)
ここは立入禁止です。 → チン― ブー ヤォ ルゥネイ	请 不 要 入内。 Qǐng bú yào rùnèi (入る)

第2章

叱る／ほめる／気遣う ▶▶▶ 短いフレーズ

困りますね。 タイ ウェイナン ラ	太 为难 了。 Tài wéinán le
違います。 ブー ドゥイ	不 对。 Bú duì
そうではありません。 ブー シー ジュヤンー	不 是 这样（このような）。 Bú shì zhèyàng
もう一度やってみてください。 ザイ ライ イービェン	再 来 一遍（一度）。 Zài lái yíbiàn
これからは気を付けてください。 イーホゥ ヤォ ジゥーイー	以后（以後） 要 注意。 Yǐhòu yào zhùyì
その調子です。 ジィウ ジゥヤンー	就 这样。 Jiù zhèyàng

16 叱る／ほめる／気遣う

とても上手ですね。
→ フェイチャンー ハオ

非常 好。
Fēicháng hǎo

あなたは［まじめ］ですね。
→ ニー ヘン ［レンジェン］

你 很［认真］。
Nǐ hěn [rènzhēn]

交換単語
- ［優秀］▶ ヨウシュー …………………［优秀］yōuxiù
- ［器用］▶ ナンガン …………………［能干］nénggàn
- ［仕事が早い］▶ ゴンヅゥオ シャオリゥー ヘン ガオ
  ［工作 效率 很高］gōngzuò xiàolǜ hěn gāo
- ［仕事が丁寧］▶ ゴンヅゥオ ヘン ズーシー
  ［工作 很 仔细］gōngzuò hěn zǐxì

頑張ってください。
→ ジャーヨウ

加油。
Jiāyóu

わからないときは、
私に聞いてください。
→ ブー ミンバイ ダ シーホゥ
チンー ウェン ウォー

不 明白 的 时候，
Bù míngbai de shíhou
请 问 我。
qǐng wèn wǒ

大丈夫ですね？
→ ブー ヤォジン ラ バ

不 要紧 了 吧？
Bú yàojǐn le ba

しっかりしてください。
→ ダーチー ジンシェン

打起 精神。
Dǎqǐ jīngshen

第2章

145

経済産業・ビジネス活動に関する**単語**

●経済活動

[株]	グウフェン／グウピァオ	股份／股票	gǔfèn / gǔpiào
[株式市場]	グウピァオシーチャン―／グウシー	股票市场／股市	gǔ piào shìchǎng / gǔshì
[供給]	ゴンインー	供应	gōngyìng
[経済]	ジンジ	经济	jīngjì
[原価]	ユゥエンジァ	原价	yuánjià
[コスト]	チャンーベン	成本	chéngběn
[資本]	ヅーベン	资本	zīběn
[収入]	シォウルゥ	收入	shōurù
[需要]	シューヤオ	需要	xūyào
[消費者]	シァオフェイジゥー	消费者	xiāofèizhě
[税金]	シゥェイ	税	shuì
[生産者]	シャンチャンジゥー	生产者	shēngchǎnzhě
[投資]	トウヅ	投资	tóuzī
[物価]	ウジァ	物价	wùjià
[予算]	ユィスァン	预算	yùsuàn
[利益]	リーイー	利益	lìyì

●産業活動

[エネルギー]	ナンユゥェン／ナンリァンー	能源／能量	néngyuán / néngliàng
[活性化]	フゥオシンホァ／フゥオホァ	活性化／活化	huóxìnghuà / huóhuà
[機械]	ジーチー	机器	jīqì
[企業]	チーイェ	企业	qǐyè
[技術]	ジーシュウ	技术	jìshù
[漁業]	ユィイェ	渔业	yúyè
[原子力]	ユゥエンヅナンー	原子能	yuánzǐnéng
[原材料]	ユゥエンツァイリァオ	原材料	yuáncáiliào
[工業]	ゴンイェ	工业	gōngyè
[鉱業]	クァンチャンイェ	矿产业	kuàngchǎnyè
[合理化]	ホゥリーホァ	合理化	hélǐhuà
[資源]	ヅーユゥェン	资源	zīyuán
[情報]	シンシー	信息	xìnxī
[人材]	レンツァイ	人才	réncái
[石油]	シーヨウ	石油	shíyóu
[農業]	ノンーイェ	农业	nóngyè
[輸出]	チゥコウ	出口	chūkǒu
[輸入]	ジンコウ	进口	jìnkǒu
[林業]	リンイェ	林业	línyè

第3章

雑談に使える短いフレーズ

第2部

▶▶▶ 中国語会話 すぐに使える短いフレーズ

声をかける

>>>> 短いフレーズ

やあ！	噢！
オ	Ō

こんにちは！	你好！／您好！
ニー ハオ／ニン ハオ	Nǐ hǎo　Nín hǎo

こんばんは！	晚上好！
ワンシャン ハオ	Wǎnshang hǎo

頑張って！	加油！
ジャーヨウ	Jiāyóu

お元気でした？	你好吗？
ニー ハオ マ	Nǐ hǎo ma

おかげさまで、元気です。	托你的福，很好。
トゥオ ニー ダ フー ヘン ハオ	Tuō nǐ de fú hěn hǎo

CD 17 声をかける

[良い週末]を！
→
ジゥー ニー [ジォウモー ユィクァイ]

祝 你 [周末 愉快]！
Zhù nǐ [zhōumò yúkuài]

交換単語
[良い旅行] ▶ リュートゥ ユィクァイ …… [旅途 愉快] lǚtú yúkuài
[良い休暇] ▶ ジャーリー ユィクァイ …… [假日 愉快] jiàrì yúkuài
[良い年] ▶ シンニェン クァイラ ……… [新年 快乐] xīnnián kuàilè
　　　　 ▶ シンニェン ハオ …………… [新年 好] xīnnián hǎo
[良いクリスマス] ▶ シェンダン クァイラ …… [圣挺 快乐]
　　　　　　　　　　　　　　　　　　　shèngdàn kuàilè

さようなら。
→
ザイジェン

再见。
Zàijiàn

また会いましょう。
→
イーホゥ ザイジェン

その後
以后 再见。
Yǐ hòu zàijiàn

またね。
→
ザイホイ

再会。
Zàihuì

お幸せに。
→
ジゥー ニー シンフー

祝 你 幸福。
Zhù nǐ xìngfú

お元気で。
→
チンー バオジォンー

健康に気を付ける
请 保重。
Qǐng bǎozhòng

第3章

第3章／雑談に使える短いフレーズ

友情を結ぶ
▶▶▶▶ 短いフレーズ

[住所]を教えてください。
チンー ガオスゥ ウォー ニー ダ [ジュジー]

请 告诉 我 你的
Qǐng gàosu wǒ nǐ de
（知らせる）
[住址]。
[Zhùzhǐ]

交換単語
[電話番号] ▶ ディェンホァ ハオマー …[电话号码] diànhuà hàomǎ
[メールアドレス] ▶ イーメイアール ディージー [伊妹儿 地址] yīmèir dìzhǐ

また電話をください。
チンー ゲイ ウォー ディェンホァ

请 给 我 电话。
Qǐng gěi wǒ diànhuà
（電話）

また連絡します。
ウォー ホイ ゲン ニー リェンルォ

我 会 跟 你 联络。
Wǒ huì gēn nǐ liánluò
（連絡を取る）

記念に写真をください。
チンー ゲイ ウォー ジァオピェン リューヅゥオ ジーニェン

请 给 我 照片
Qǐng gěi wǒ zhàopiàn
（写真）
留作 纪念。
liúzuò jìniàn

| CD | 18 | 友情を結ぶ |

あなたと友達になれて嬉しいです。
→
ゲン ニー チャンウェイ
パンヨウ ヘン ガオシン

跟 你 成为 (…になる)
Gēn nǐ chéngwéi
朋友 很 高兴。 (友達/うれしい)
péngyou hěn gāoxìng

あなたは[やさしい]ですね。
→
ニー ヘン [ホゥシャン]

你 很 [和善]。 (なごやかな)
Nǐ hěn [héshàn]

交換単語
[親切] ▶ ルァーチン …………… [热情] rèqíng
[きれい] ▶ ピァオリァン ………… [漂亮] piàoliang

あなたはいい人ですね。
→
ニーレン ジェン ハオ

你人 真 好。
Nǐrén zhēn hao

あなたが[好き]です。
→
ウォー [シーホァン] ニー

我 [喜欢] 你。
Wǒ [xǐhuan] nǐ

交換単語
[嫌い] ▶ ブー シーホァン …………… [不喜欢] bù xǐhuan
[大嫌い] ▶ タオイエン ……………………… [讨厌] tǎoyàn

友達になってください。
→
チン ホゥ ウォー ジァオ パンヨウ

请 和 我 交 朋友。
Qǐng hé wǒ jiāo péngyou

同行してください。
→
チン トン ウォー イーチー チュー

请 同 我 一起 去。
Qǐng tóng wǒ yìqǐ qù

第3章

第3章／雑談に使えるフレーズ

暮らしや仕事を話題にする
▶▶▶▶ 短いフレーズ

CDトラック II-19

[日本]での生活には慣れましたか？
↓
ニー シーグァン ラ ザイ
[リーベン] ダ シェンホォ マー

你 习惯 了 在
Nǐ xíguàn le zài

[日本] 的 生活 吗？
[Rìběn] de shēnghuó ma

交換単語
[中国] ▶ ジョングオ …………………… [中国] Zhōngguó
[ここ] ▶ ジュル …………………… [这儿] zhèr

もう慣れました。
↓
イージンー シーグァン ラ

已经 习惯 了。
Yǐjīng xíguàn le

やっと慣れてきました。
↓
ヅォンスァン シーグァン ラ

总算 习惯 了。
Zǒngsuàn xíguàn le

まだ慣れません。
↓
ハイ メェイヨウ シーグァン

还 没有 习惯。
Hái méiyǒu xíguàn

❗ ここでは「慣れる」という言葉を使って、「もう～した」「やっと～した」「まだ～しない」という3通りの表現を示しました。

日本語	ピンイン読み	中国語	ピンイン
いつからこちらにいるのですか？ → シェンマ シーホゥ ライ ダ		什么时候来的？	Shénme shíhou lái de
どこにお住まいですか？ → ジュ ザイ ナール		住在哪儿？	Zhù zài nǎr
どちらのご出身ですか？ → ニン シー ナーリー レン		您是哪里人？	Nín shì nǎli rén

都市名・地域名の単語

日本語	カナ読み	中国語	ピンイン
[北京]	ベイジンー	北京	Běijīng
[南京]	ナンジンー	南京	Nánjīng
[上海]	シャンハイ	上海	Shànghǎi
[桂林]	グェイリン	桂林	Guìlín
[広州]	グァンージォゥ	广州	Guǎngzhōu
[重慶]	チョンチンー	重庆	Chóngqìng
[西安]	シーアン	西安	Xī'ān
[蘇州]	スゥージォウ	苏州	Sūzhōu
[天津]	ティェンジン	天津	Tiānjīn
[洛陽]	ルォイァンー	洛阳	Luòyáng
[香港]	シァンガンー	香港	Xiānggǎng
[マカオ]	アオメン	澳门	Àomén
[東京]	ドンジンー	东京	Dōngjīng
[横浜]	フンービン	横滨	Héngbīn
[大阪]	ダーバン	大阪	Dàbǎn
[神戸]	シェンフウ	神户	Shénhù
[北海道]	ベイハイダオ	北海道	Běihǎidào
[仙台]	シェンタイ	仙台	Xiāntái
[名古屋]	ミングウウー	名古屋	Mínggǔwū
[京都]	ジンドウ	京都	Jīngdū
[広島]	グァンダオ	广岛	Guǎngdǎo
[福岡]	フガンー	福冈	Fúgāng

第3章／雑談に使える短いフレーズ

職種・業種を表す 単語

[営業] ▶ インシァオ	营销	yíngxiāo
[研究] ▶ イエンジゥ	研究	yánjiū
[開発] ▶ カイファ	开发	kāifā
[製造] ▶ ジーザオ	制造	zhìzào
[事務] ▶ シーウー	事务	shìwù
[貿易業] ▶ マオイーイェ	贸易业	màoyìyè
[運送業] ▶ ユィンシュウイェ	运输业	yùnshūyè
[製造業] ▶ ジーザオイェ	制造业	zhìzàoyè
[飲食業] ▶ インシーイェ	饮食业	yǐnshíyè
[販売業] ▶ シァオショウイェ	销售业	xiāoshòuyè
[サービス業] ▶ フーウーイェ	服务业	fúwùyè

どんなお仕事ですか？
▼
シェンマヤンー ダ ゴンヅゥオ

什么样 的 工作？(仕事)
Shénmeyàng de gōngzuò

どんな会社で
働いているのですか？
▼
ニー ザイ シェンマ ゴンス
ゴンヅゥオ

你 在 什么 公司 (会社)
Nǐ zài shénme gōngsī
工作？
gōngzuò

[仕事] はどうですか？
▼
[ゴンヅゥオ] ヅェンマヤンー

[工作] 怎么样？(仕事)
[Gōngzuò] zěnmeyàng

交換単語

[体調] ▶ シェンティー ……… [身体] shēntǐ

順調です。
▼
ヘン シゥンリー／ヘン ハオ

很 顺利。／很 好。
Hěn shùnlì   Hěn hǎo

19 暮らしや仕事を話題にする

まあまあです。 ハイ クーイー	还可以。 Hái kěyǐ
あまり良くないです。 ブー シュンリー／ブー タイ ハオ	不顺利。／不太好。 Bú shùnlì　Bú tài hǎo
忙しいですか？ ニー マンー マ	你忙吗？ Nǐ máng ma
忙しいです。 ヘン マンー	很忙。 Hěn máng
そうでもないです。 ブー タイ マンー	不太忙。 Bú tài máng
いいえ、暇です。 ブー マンー ヘン コンー	不忙，很空。^{空いている時間} Bù máng hěn kòng
[李さん]によろしく。 チンー ウェン ［リー シェンシャンー］ハオ	请问［李先生］好。^{男性の敬称} Qǐng wèn ［Lǐ xiānsheng］ hǎo

> 「～～さん」という表現の詳細については、49ページの注記を参照してください。年齢、男女などで様々に変化します。ここでは「年上の男性」に対しての表現を例示しました。

第3章／雑談に使える短いフレーズ

気候や天気を話題にする
▶▶▶ 短いフレーズ

CDトラック II-20

いいお天気ですね。
→ ティェンチー　ジェン　ハオ

天气 真 好。
Tiānqì zhēn hǎo

雨が降りそうですね。
→ ハオシャンー　ヤォ　シャーユィ　ラ

好像 要 下雨 了。
（どうも）　　（雨が降る）
Hǎoxiàng yào xiàyǔ le

どんよりしています。
→ インティェン

阴天。
Yīntiān

午後から雪が降りそうです。
→ シャーウー　クーナンー　ホイ　シャーシュエ

下午 可能 会 下雪。
　　　　　　　　（雪が降る）
Xiàwǔ kěnéng huì xiàxuě

［傘］を持って行ったほうがいいですか？
→ ズゥィハオ　ダイシャンー　［ユィサン］　マ

最好 带上 ［雨伞］ 吗？
Zuìhǎo dàishàng [yǔsǎn] ma

交換単語

- ［日傘］▶ タイヤンサン …………［太阳伞］tàiyángsǎn
- ［帽子］▶ マオズ …………………［帽子］màozi
- ［コート］▶ ダーイー …………… ［大衣］dàyī
- ［上着］▶ ワイタオ ………………［外套］wàitào

気候や天気を話題にする

明日の天気予報はどうですか？
→ ミンティェン ダ ティェンチー ユィバオ ヅェンマヤン―

明天 的 天气 预报 怎么样？
Míngtiān de tiānqì yùbào zěnmeyàng

明日は晴れそうです。
→ ミンティェン ホイ シー チンティェン

明天 会 是 晴天。
Míngtiān huì shì qíngtiān

はっきりしない天気ですね。
→ ティェンチー ブー ウェンディン―

天气 不 稳定(安定した)。
Tiānqì bù wěndìng

今日は[気温30度]までなるそうです。
→ ジンティェン ダ[チーウェン]ホイ シャン― ダオ[サンシ― ドゥ]

今天 的[气温]会 升 到[三十度]。
Jīntiān de qìwēn huì shēng dào [sānshí dù]

日本の[冬]は[寒い]です。
→ リ―ベン ダ[ドンティェン]ヘン[ラン―]

日本 的[冬天(冬)] 很[冷(寒い)]。
Rìběn de [dōngtiān] hěn [lěng]

交換単語

- [春] ▶ チュウンティェン ……………… [春天] chūntiān
- [夏] ▶ シャティェン ……………… [夏天] xiàtiān
- [秋] ▶ チィウティェン ……………… [秋天] qiūtiān
- [暑い] ▶ ジゥ ……………… [热] rè
- [涼しい] ▶ リァンクァイ ……………… [凉快] liángkuài
- [蒸し暑い] ▶ メンジゥ ……………… [闷热] mēnrè
- [暖かい] ▶ ヌァンホォ ……………… [暖和] nuǎnhuo

第3章／雑談に使える短いフレーズ

[寒く]なってきましたね。
→
ティェンチー ビェン ランー ラ

天气 变 [冷] 了。
Tiānqì biàn [lěng] le
(寒い)

私の故郷は
もっと[寒く]なります。
→
ウォー ダ ジャシャンー
ゲンジャ [ランー]

我 的 家乡
Wǒ de jiāxiāng
(郷里)
更加 [冷]。
gèngjiā [lěng]
(もっと)

[雪]を見るのは初めてです。
→
ウォー シー ディーイーツー カン ダォ
[シュエ]

我 是 第一次 看到
Wǒ shì dìyīcì kàn dào
(初めて)(見る)
[雪]。
[xuě]

交換単語
- [花火] ▶ イェンフゥオ ……… [焰火] yànhuǒ
- [蛍] ▶ インフゥオチョンー ……… [萤火虫] yínghuǒchóng
- [桜] ▶ インホァ ……… [樱花] yīnghuā
- [縁日] ▶ ミャオホイ ……… [庙会] miàohuì
- [夏祭り] ▶ シャショウジェ ……… [夏收节] xiàshōujié
- [パレード] ▶ シェンジュァンー ヨウシンー … [盛装游行] shèngzhuāng yóuxíng

日本の梅雨はうっとうしいです。
→
リーベン ダ メェイユィ ランー
レン タオイエン

日本的 梅雨 让
Rìběn de méiyǔ ràng
人 讨厌。
rén tǎoyàn
(うんざりする)

私は[秋]が好きです。
→
ウォー シーホァン[チィウティエン]

我 喜欢 [秋天]。
Wǒ xǐhuan [qiūtiān]
(好き)

季節・天候を表す 単語

日本語	カタカナ発音	中国語	ピンイン
[季節]	ジージエ	季节	jìjié
[春]	チュウンティェン	春天	chūntiān
[夏]	シャティェン	夏天	xiàtiān
[秋]	チィウティェン	秋天	qiūtiān
[冬]	ドンティェン	冬天	dōngtiān
[初夏]	チュシャ	初夏	chūxià
[真夏]	シャンシャ	盛夏	shèngxià
[天候]	ティェンチー	天气	tiānqì
[晴れ]	チンティェン	晴天	qíngtiān
[曇り]	インティェン	阴天	yīntiān
[雨]	ユィ	雨	yǔ
[風]	フンー	风	fēng
[雷]	レイ	雷	léi
[雪]	シュエ	雪	xuě
[気温]	チーウェン	气温	qìwēn
[湿度]	シードゥ	湿度	shīdù
[梅雨]	メイユィ	梅雨	méiyǔ
[天気予報]	ティェンチー ユィバオ	天气预报	tiānqì yùbào
[天気]	ティェンチー	天气	tiānqì
[良い天気]	ハオ ティェンチー	好天气	hǎo tiānqì
[悪い天気]	ホァィ ティェンチー	坏天气	huài tiānqì
[雨が降る]	シャーユィ	下雨	xià yǔ
[雪が降る]	シャーシュエ	下雪	xià xuě
[風が吹く]	グァフンー	刮风	guā fēng
[台風]	タイフンー	台风	táifēng
[洪水]	ホンシュェイ	洪水	hóngshuǐ
[地震]	ディージェン	地震	dìzhèn
[暑い]	ジゥ	热	rè
[寒い]	ランー	冷	lěng
[暖かい]	ヌァンホォ	暖和	nuǎnhuo
[涼しい]	リァンクァイ	凉快	liángkuài
[梅雨入り]	ルゥメイ	入梅	rùméi
[梅雨明け]	チゥメイ	出梅	chūméi
[吹雪]	バオフンシュエ	暴风雪	bàofēngxuě
[木枯らし]	ハンフンー	寒风	hánfēng
[黄砂]	ホァンシャ	黄沙	huángshā

第3章／雑談に使える短いフレーズ

休日や趣味を話題にする ▶▶▶▶ 短いフレーズ

CDトラック 21

休みの日は何をしていますか？
→ シゥシーティェン ニー ヅゥオ シェンマ

休息天，你 做 什么？
Xiūxitiān　　nǐ　zuò　shénme

休暇はどのように過ごしますか？
→ ニー ヅェンマ ドゥジァー

你 怎么 度假？
（どのように）（過ごす）
Nǐ　zěnme　dùjià

テレビを観て過ごします。
→ カン ディェンシー

看 电视。
（テレビ）
Kàn　diànshì

❗「テレビを観て過ごす」も「テレビを観る」も「看 电视」と同じように表現します。また右ページのように趣味をたずねられて「〜をすること（が趣味）です」と答える表現も同じです。

ずっと家にいます。
→ イージー ザイジァ

一直 在家。
Yìzhí　zàijiā

家族と過ごします。
→ ホゥ ジァレン イーチー グオ

和 家人 一起 过。
Hé　jiārén　yìqǐ　guò

一日中寝ています。 → シゥエイ ラ イージゥンティェン	睡 了 一 整 天。 Shuì le yìzhěngtiān
趣味は何ですか？ → ニー ダ アイハオ シー シェンマー	你 的 爱好(趣味) 是 什么？ Nǐ de àihào shì shénme
ギターを弾くことです。 → タン ジータ	弹 吉他(ギター)。 Tán jítā

行動・趣味に関する表現

日本語	カナ	中国語	ピンイン
[ビデオを観る]	カン ルーシャン―	看录像	kàn lùxiàng
[DVDを観る]	カン ディエピェン	看碟片	kàn diépiàn
[本を読む]	カン シュウ	看书	kàn shū
[雑誌を読む]	カン ザージー	看杂志	kàn zázhì
[映画を観に行く]	チュウ カン ディエンイン―	去看电影	qù kàn diànyǐng
[買い物に行く]	チュウ ゴゥウー	去购物	qù gòu wù
[音楽を聴く]	ティン― インーユエ	听音乐	tīng yīnyuè
[ラジオを聴く]	ティン― グァン―ボー	听广播	tīng guǎngbō
[CDを聴く]	ティン― シーディー	听CD	tīng CD
[絵を描く]	ホァ ホァール	画画儿	huà huàr
[写真を撮る]	パイ ジャオ	拍照	pāi zhào
[映画を観る]	カン ディエンイン―	看电影	kàn diànyǐng
[囲碁を打つ]	シャー ウェイチ	下围棋	xià wéiqí
[編み物をする]	ダー マオシェン	打毛线	dǎ máoxiàn
[釣りをする]	ディアオユィ	钓鱼	diàoyú
[山に登る]	パーシャン	爬山	páshān
[踊る]	ティアオウ	跳舞	tiàowǔ
[泳ぐ]	ヨウヨン―	游泳	yóuyǒng
[スポーツをする]	ユンドン―	运动	yùndòng

第3章／雑談に使える短いフレーズ

[洗濯] と [掃除] をします。
↓
[シー イーフ] ホゥー
[ダーサオ ファンジェン]

[洗 衣服] 和
[Xǐ yīfu] hé
[打扫 房间]。
[dǎsǎo fángjiān]

[家族] に手紙を書きます。
↓
ゲイ [ジャレン] シェ シン

给 [家人] 写 信。
<small>家族　　　　書く 手紙</small>
Gěi [jiārén] xiě xìn

交換単語
- [父] ▶ バーバ …………………… [爸爸] bàba
- [母] ▶ マーマ …………………… [妈妈] māma
- [息子] ▶ アールズ ……………… [儿子] érzi
- [娘] ▶ ヌィアール ……………… [女儿] nǚ'ér
- [祖父] ▶ イェイェ／ワイゴンー … [爷爷／外公] yéye / wàigōng
- [祖母] ▶ ナイナイ／ワイポ ……… [奶奶／外婆] nǎinai / wàipó
- [父母] ▶ フームー ………………… [父母] fùmǔ
- [兄／弟] ▶ グーグ／ディーディ … [哥哥／弟弟] gēge / dìdi
- [姉／妹] ▶ ジェージェ／メェイメェイ [姐姐／妹妹] jiějie / mèimei

[友達] と電話で話をします。
↓
ホゥー パンヨウ ダー ディエンホァ リャォティエン

和 [朋友] 打 电话
<small>友達</small>
Hé [péngyou] dǎ diànhuà
聊天。
<small>世間話をする</small>
liáotiān

[推理小説] を読むのが好きです。
↓
ウォー シーホァン カン
[トゥイリー シァオシュォ]

我 喜欢 看
<small>好きだ　読む</small>
Wǒ xǐhuan kàn
[推理 小说]。
[tuīlǐ xiǎoshuō]

交換単語
- [歴史小説] ▶ リーシー シァオシュォ ….. [历史小说] lìshǐ xiǎoshuō
- [エッセイ] ▶ スウェイビー …………… [随笔] suíbǐ
- [詩] ▶ シーグー ……………………… [诗歌] shīgē

CD 21 休日や趣味を話題にする

何かスポーツをしますか？
→
ニー ヅゥオ シェンマ ユィンドン― マ

你做什么运动吗？
Nǐ zuò shénme yùndòng ma

試合を観るほうが好きです。
→
ウォー シーホァン カン ビーサイ

我喜欢看比赛。
Wǒ xǐhuan kàn bǐsài

[テニス]が得意です。
→
ナーショウ ダ シー[ダー ワンチィウ]

拿手的是[打网球]。
Náshǒu de shì [dǎ wǎngqiú]

交換単語

- [サッカー（をする）] ▶ ティー ヅゥーチィウ …[踢足球] tī zúqiú
- [ゴルフ（をする）] ▶ ダー ガオアールフーチィウ …[打高尔夫球] dǎ gāo'ěrfūqiú
- [バスケット（をする）] ▶ ダー ランチィウ …[打篮球] dǎ lánqiú
- [野球（をする）] ▶ ダー バンチィウ ……[打棒球] dǎ bàngqiú
- [ボウリング（をする）] ▶ ダー バオリンチィウ …[打保龄球] dǎ bǎolíngqiú
- [スキー（をする）] ▶ ホァシュエ ……[滑雪] huáxuě
- [水泳（をする）] ▶ ヨウヨン― ……[游泳] yóuyǒng

娯楽に関する**単語**

- [コンサート] ▶ インユエホイ ………… 音乐会　yīnyuèhuì
- [ファッションショー] ▶ シージゥァン― ジャンランホイ … 时装展览会　shízhuāng zhǎnlǎnhuì
- [モーターショー] ▶ チーチゥー ジャンランホイ … 汽车展览会　qìchē zhǎnlǎnhuì
- [絵の展覧会] ▶ ホァジャン ………… 画展　huàzhǎn
- [ピアノの演奏会] ▶ ガンチン イエンゾゥオホイ … 钢琴演奏会　gāngqín yǎnzòuhuì
- [劇場] ▶ ジューチャン― ………… 剧场　jùchǎng
- [映画館] ▶ ディェンインユゥェン ……… 电影院　diànyǐngyuàn
- [動物園] ▶ ドンウーユゥェン ………… 动物园　dòngwùyuán
- [水族館] ▶ シュェイヅゥグァン ………… 水族馆　shuǐzúguǎn
- [カラオケ] ▶ カラオウケイ ………… 卡拉OK　kǎlā'ōukèi
- [ゲームセンター] ▶ ヨウシーチャン― …… 游戏场　yóuxìchǎng

夢を話題にする

▶▶▶ 短いフレーズ

| あなたの夢は何ですか？
→
ニー ダ リーシァンー シー シェンマ | 你的理想是什么？
Nǐ de lǐxiǎng shì shénme |

[日本]にずっといたいです。
→
ウォー シァンー イージー
リュー ザイ ［リーベン］

我想一直（ずっと）
Wǒ xiǎng yìzhí
留在［日本］。
liú zài ［Rìběn］

[上海]で働きたいです。
→
ウォー シァンー ザイ ［シャンハイ］ ゴンヅゥオ

我想在［上海］工作（仕事）。
Wǒ xiǎng zài ［Shànghǎi］ gōngzuò

家族と一緒に暮らしたいです。
→
ウォー シァンー ホゥ ジァレン イーチー
シャンフゥオ

我想和家人（家族）一起
Wǒ xiǎng hé jiārén yìqǐ
生活。
shēnghuó

私の生まれ故郷に
遊びに来てください。
→
チンー ダオ ウォー ダ ジアシァンー
ライ ワール

请到我的家乡（郷里）
Qǐng dào wǒ de jiāxiāng
来玩儿。
lái wánr

夢を話題にする

[日本語] を覚えたいです。
→ ウォー シァンー シュエハオ [リーユィ]

我 想 学好 [日语]。
（習得する）
Wǒ xiǎng xuéhǎo [Rìyǔ]

交換単語
- [中国語] ▶ ハンユィ …………………… [汉语] Hànyǔ
- [広東語] ▶ グァンドンホァ …………… [广东话] Guǎngdōnghuà
- [韓国語] ▶ ハングオユィ ……………… [韩国语] Hánguóyǔ
- [英語] ▶ インユィ ……………………… [英语] Yīngyǔ

早く [家] に帰りたいです。
→ ウォー シァンー ザオディアール ホイ [ジァ]

我 想 早点儿 回 [家]。
Wǒ xiǎng zǎodiǎnr huí [jiā]

交換単語
- [国] ▶ グオ …………………………… [国] guó
- グオジァ ……………………………… [国家] guójiā
- [故郷] ▶ グウシァンー ……………… [故乡] gùxiāng
- ジァシァンー ………………………… [家乡] jiāxiāng
- ラオジァ ……………………………… [老家] lǎojiā

故郷に家を建てるのが夢です。
→ ザイ ジァシァンー ザオ ファンズ シー ウォー ダ ムンシァンー

在 家乡 造 房子
（作る）（家）
Zài jiāxiāng zào fángzi
是 我 的 梦想。
shì wǒ de mèngxiǎng

故郷に帰って商売を始めたいです。
→ ウォー シァンー ホイ ジァシァンー ヅゥオ シャンイー

我 想 回 家乡
Wǒ xiǎng huí jiāxiāng
做 生意。
（行う）（商売）
zuò shēngyì

結婚したいです。
→ ウォー シァンー ジェフゥン

我 想 结婚。
Wǒ xiǎng jiéhūn

第3章

中国の祝祭日と伝統行事に関する知識と単語

公的な祝祭日は、春節（旧正月）以外は新暦で祝い、伝統的な祝祭日は旧暦で祝う。

●全国一律の祝祭日

［元旦（1月1日）］ ▶ ユゥェンダン ………… 元旦　　Yuándàn
新暦の元日の休みは1日だけ。春節（旧正月）ほど重視されていない。

［春節（旧暦1月1日）］ ▶ チュウンジェ ……… 春节　　Chūnjié
中国で最も重要な祝祭日。除夕（大晦日の夜）の午前0時に花火を打ち上げ、爆竹を鳴らす習慣があったが、近年、大都市では爆竹は禁止されている。本来3日間の休みだが、官公庁を含め、1週間以上休む。

［メーデー（5月1日）］ ▶ ウーイーラォドンジェ …. 五一劳动节　Wǔ-Yī Láodòngjié
五・一国際労働節。3連休になってから土日を含め1週間近く休む。

［国慶節（10月1日）］ ▶ グオチンジェ ……… 国庆节　　Guóqìngjié
1949年10月1日、中華人民共和国成立を発表した建国記念日。本来の休みは2日間だが、土日を含めて1週間近く休むところも。天安門前広場などで記念行事が行われる。

●他の祝祭日（一部の人たちや地域だけが休み）

［国際婦人デー（3月8日）］ ▶ サンバーフーヌィージェ … 三八妇女节　Sān-Bā Fùnǚjié
三・八国際婦女節。アメリカの婦人参政権要求宣言を記念した日。女性のみが半日休み。

［中国青年デー（5月4日）］ ▶ ウースーチンニェンジェ … 五四青年节　Wǔ-Sì Qīngniánjié
五・四中国青年節。1919年、日本の対華要求に対する抗議運動（五・四運動）が起こった記念日。中学生以上の青年は半日休み。

［国際児童デー（6月1日）］ ▶ リューイーアールトンジェ … 六一儿童节　Liù-Yī Értóngjié
六・一国際児童節。小学校は休み。児童による記念行事が行われる。

［中国共産党創立記念日（7月1日）］ ▶ チーイージェンダンリー … 七一建党日　Qī-Yī Jiàndǎngrì
1921年7月1日の中国共産党第1次全国代表大会の記念日。記念行事が行われる。

［中国人民解放軍建軍記念日（8月1日）］ ▶ バーイージゥンジェ … 八一建军节　Bā-Yī Jiànjūnjié
八・一中国人民解放軍建軍節。軍の関係者のみ半日休み。

●伝統的な祝祭日（古来の行事で休みではない。地方によってさまざまな行事がある）

［元宵節（旧暦1月15日）］ ▶ ユゥェンシァオジェ … 元宵节　　Yuánxiāojié
一家の無事を願って元宵団子（あん入りの餅団子）を食べる。灯籠をかかげる習慣があることから「灯籠節」とも呼ばれる。公園などに灯市が出る。

［清明節（4月5日前後）］ ▶ チンミンジェ ………… 清明节　　Qīngmíngjié
冬至から数えて105日目。祖先を祭る日とされ、墓参りをする。

［端午の節句（旧暦5月5日）］ ▶ ドゥァンウージェ …… 端午节　　Duānwǔjié

［中秋節（旧暦8月15日）］ ▶ ジョンチウジェ …… 中秋节　　Zhōngqiūjié
月餅や収穫された果物などを供えて月見をする。

［重陽の節句（旧暦9月9日）］ ▶ チョンヤンジェ …… 重阳节　　Chóngyángjié
めでたい数字の9が重なった最高にめでたい日とされる。菊の節句で、菊の花を観賞する習慣がある。

第4章

交際に使える短いフレーズ

第2部

▶▶▶ 中国語会話 すぐに使える短いフレーズ

付き合いに誘う

>>>> 短いフレーズ

［明日］時間はありますか？ ［ミンティェン］ヨウ シージェン マ	［明天］有时间吗? [Míngtiān] yǒu shíjiān ma
特に予定はありません。 メェイヨウ シェンマ シー	没有什么事。 Méiyǒu shénme shì
空いています。 ヨウ コン―	有空。 Yǒu kòng
今のところはまだわかりません。 シェンザイ ハイ ブー ジーダォ	现在还不<ruby>知<rt>知る</rt></ruby>道。 Xiànzài hái bù zhīdao
ちょっと考えさせてください。 ラン― ウォー シャンイーシャン―	<ruby>让<rt>させる</rt></ruby>我想一想。 Ràng wǒ xiǎngyìxiǎng
予定があります。 ヨウ シー	有事。 Yǒu shì

今度の[日曜日]、何か予定はありますか？
→ ジュグ [シンチーティェン] ニー ヨウ シェンマ シー マ

这个 [星期天], 你 有 什么 事 吗？
Zhège [xīngqītiān] nǐ yǒu shénme shì ma

[日曜日]は予定があります。
→ [シンチーティェン] ウォー ヨウ シー

[星期天] 我 有 事。
[Xīngqītiān] wǒ yǒu shì

その日は都合が悪いです。
→ ナーティェン ブー ファンビェン

那天 不 方便。
Nàtiān bù fāngbiàn

[午前中]のほうが都合がいいです。
→ [シャンウー] ビージャオ ファンビェン

[上午] 比较 方便。
[Shàngwǔ] bǐjiào fāngbiàn

別の日にしてもらえますか？
→ ホァン チーター リーズ ハオ マ

换 其他 日子, 好 吗？
Huàn qítā rìzi hǎo ma

[午後]なら大丈夫です。
→ [シャーウー] メイ ウェンティー

[下午] 没 问题。
[Xiàwǔ] méi wèntí

交換単語

[午前中] ▶ シャンウー	[上午] shàngwǔ
[朝] ▶ ザオシャン	[早上] zǎoshang
[昼] ▶ ジョンウー	[中午] zhōngwǔ
[午後] ▶ シャーウー	[下午] xiàwǔ
[夕方] ▶ バンワン	[傍晚] bàngwǎn
[晩／夜間] ▶ ワンシャン―	[晚上] wǎnshang
[その日] ▶ ナーティェン	[那天] nàtiān

第4章／交際に使える短いフレーズ

さまざまな誘い

一緒に[食事]をしませんか？
→
イーチー [チーファン] バ

一起[吃饭]吧。
Yìqǐ [chīfàn] ba
（一緒）

[映画]を観に行きませんか？
→
チュー カン [ディエンインー] マ

去 看 [电影] 吗？
Qù kàn [diànyǐng] ma
（行く）（観る）（映画）

軽くお酒を飲みに行きましょう。
→
チュー ホゥ イーベイ バ

去 喝 一杯 吧。
Qù hē yìbēi ba

どこに行きたいですか？
→
ニー シァンー チュー ナール

你 想 去 哪儿？
Nǐ xiǎng qù nǎr

何をしたいですか？
→
ニー シァンー ヅゥオ シェンマ

你 想 做 什么？
Nǐ xiǎng zuò shénme

[バスケットボール]の[試合]を観たいです。
→
ウォー シァンー カン [ランチィウ] [ビーサイ]

我 想 看 [篮球]
Wǒ xiǎng kàn [lánqiú]
（バスケットボール）
[比赛]。
[bǐsài]
（試合）

交換単語
[野球] ▶ バンチィウ ………… [棒球] bàngqiú
[サッカー] ▶ ヅゥチィウ ………… [足球] zúqiú
[京劇] ▶ ジンジュ ………… [京剧] jīngjù
[雑技] ▶ ザージー ………… [杂技] zájì

CD 23　付き合いに誘う

[将棋]を教えてください。
→ チンー ジャオ ウォー シャー [シャンチー]
请 教 我 下 [象棋]。
Qǐng jiāo wǒ xià [xiàngqí]

[書道]をお教えしましょう。
→ ウォー ライ ジャオ ニー [シュウファー]
我 来 教 你 [书法]。
Wǒ lái jiāo nǐ [shūfǎ]

誘いへの返答

嬉しいお誘いです。
→ ニー ユエ ウォー ウォー ヘン ガオシンー
你 约 我，我 很 高兴。
Nǐ yuē wǒ wǒ hěn gāoxìng

私も連れて行ってください。
→ チンー ダイ ウォー イーチー チュー
请 带 我 一起 去。
Qǐng dài wǒ yìqǐ qù

はい、行きましょう。
→ ハオ イーチー チュー
好，一起 去。
Hǎo yìqǐ qù

いいえ、結構です。
→ ブー ブー チュー
不，不 去。
Bù bú qù

興味がないので、お断りします。
→ メイヨウ シンチュー ブー チュー
没有 兴趣，不 去。
Méiyǒu xìngqù bú qù

第4章

第4章／交際に使える短いフレーズ

待ち合わせに関する

CDトラック II 24→25

▶▶▶▶ 短いフレーズ

時間を決める

II 24

待ち合わせしませんか？ ウォーメン ペントウ バ	顔を合わせる 我们 碰头 吧。 Wǒmen pèngtóu ba
いつにしましょうか？ ジー ディェン	几点？ Jǐ diǎn
いつなら都合が良いですか？ シェンマ シーホゥ ビージャオ ハオ	什么时候 比较 好？ Shénme shíhou bǐjiào hǎo
[20日]の[午後]ではいかがですか？ [アールシー ハオ] ダ [シャーウー] ヅェンマヤンー	[二十号] 的 [下午] [Èrshí hào] de [xiàwǔ] 怎么样？ zěnmeyàng
はい、大丈夫です。 ハオ メェイ ウェンティー	好，没 问题。 Hǎo méi wèntí

その日は用事があります。 ナーティエン ウォー ヨウ シ	那天我有事。 Nàtiān wǒ yǒu shì
[午後]なら、空いています。 [シャーウー] ダ ホァ ヨウ コン―	[下午]的话，有空。 [Xiàwǔ] de huà yǒu kòng
[5時]にしましょう。 [ウー ディエン] ジェン	[五点]见。 [Wǔ diǎn] jiàn
[5時]ですね。 [ウー ディエン]	[五点]。 [Wǔ diǎn]
もう少し早い(遅い)時間にしてください。 チンー ザイ ザオ(ワン)イーディアール	请再早(晚)一点儿。 Qǐng zài zǎo (wǎn) yìdiǎnr
遅れそうなら連絡してください。 ルゥグオ ワン ダオ チンー ゲン ウォー リェンシー	如果晚到，请跟 Rúguǒ wǎn dào qǐng gēn 我联系。(連絡する) wǒ liánxì
私の携帯電話番号は 3456-7890です。 ウォゥダ シォウジー ハオマ シー サン スー ウー リュゥ チー バー ジィウ リンー	我的手机号码是(携帯電話) Wǒ de shǒujī hàomǎ shì 3456-7890。 sān sì wǔ liù qī bā jiǔ líng

第4章／交際に使える短いフレーズ

場所を決める

どこがいいですか？
→
ナール ハオ ナ

哪儿 好 呢？
Nǎr hǎo ne

[世紀公園]はわかりますか？
→
ニー ジーダォ [シージー ゴンユゥエン] マ

你 知道 [世纪 公园] 吗？
Nǐ zhīdao [Shìjì gōngyuán] ma

わかります。／わかりません。
→
ジーダォ／ブー ジーダォ

知道。／不 知道。
Zhīdao Bù zhīdao

よくわかりません。
→
ブー チンチュ

不 清楚。
Bù qīngchu
（きちんとわかる）

[駅]の[中央口]にしましょう。
→
ザイ [チュジァン] ダ [ジョンヤンー チュコウ] バ

在 [车站] 的 [中央 出口] 吧。
Zài [chēzhàn] de [zhōngyāng chūkǒu] ba

[喫茶店]の前（中）で待っています。
→
ザイ [カーフェイグァン] チェン（リーミェン）ダン― ニー

在 [咖啡馆] 前（里面）等 你。
Zài [kāfēiguǎn] qián (lǐmiàn) děng nǐ

[地図]を描いてください。
→
チンー ホァ イーシャー [ディートゥ]

请画一下[地图]。
Qǐng huà yíxià [dìtú]

そこの[電話番号]を
教えてください。
→
チンー ガオスゥ ウォー ナーリー
ダ [ディエンホァ ハオマ]

请告诉我那里
Qǐng gàosu wǒ nàli
的[电话号码]。
de [diànhuà hàomǎ]

第4章

場所を表す 単語

日本語	カナ読み	中国語	ピンイン
[改札口]	ジェンピァオコウ	检票口	jiǎnpiàokǒu
[ホーム]	ツァンタイ	站台	zhàntái
[入口]	ジンコウ	进口	jìnkǒu
[出口]	チュコウ	出口	chūkǒu
[表口]	ジュンメン	正门	zhèngmén
[裏口]	ホウメン	后门	hòumén
[東口]	ドンコウ	东口	dōngkǒu
[西口]	シーコウ	西口	xīkǒu
[南口]	ナンコウ	南口	nánkǒu
[北口]	ベイコウ	北口	běikǒu
[切符売場]	ショウピァオチゥー	售票处	shòupiàochù
[正面玄関]	ジュンメン／ダーメン	正门／大门	zhèngmén/dàmén
[ロビー]	メンティンー	门厅	méntīng
[受付]	ウェンシゥェンチゥー	问询处	wènxúnchù
[待合室]	ホゥーチゥシー	候车室	hòuchēshì
[交差点]	シーズルーコウ	十字路口	shízì lùkǒu
[角]	グァイジャオ	拐角	guǎijiǎo
[駐車場]	ティンーチゥチャンー	停车场	tíngchēchǎng
[地下]	ディシャ	地下	dìxià

第4章／交際に使える短いフレーズ

さまざまな待ち合わせ

迎えに行きます。
→
ウォー チュー ジェ ニー

我 去 接 你。
Wǒ qù jiē nǐ

[駅]まで迎えに来てください。
→
チンー ダオ [チゥジァン] ライ
ジェ ウォー

请 到 [车站] 来
Qǐng dào [chēzhàn] lái
接 我。
jiē wǒ

[李さん]も一緒でいいですか？
→
[リー シェンシャンー] イエ クーイー
イーチー チュー マ

[李 先生] 也 可 以
[Lǐ xiānsheng] yě kěyǐ
一 起 去 吗？
yìqǐ qù ma

[サンプル]を持って来てください。
→
チンー バ [ヤンピン] ダイ ライ

请 把 [样品] 带 来。
Qǐng bǎ [yàngpǐn] dài lái

予期せぬ事態に

お待たせしてしまいました。
→
ランー ニー ジュウダンー ラ

让 你 久 等 了。
Ràng nǐ jiǔděng le

遅れてすみません。
→
ドゥイブチー ウォー チーダオ ラ

对不起, 我 迟到 了。
Duìbuqǐ wǒ chídào le

待ち合わせに関する

[時間]を変えてください。	请改一下[时间]。
チンー ガイ イーシャー [シージェン]	Qǐng gǎi yíxià [shíjiān]

交換単語
- [日にち] ▶ リー …… [日] rì
- [曜日] ▶ シンチー …… [星期] xīngqī
- [場所] ▶ ディーデェン …… [地点] dìdiǎn

すみません、少し遅れます。	对不起，我要晚到一会儿。
ドゥイブチー ウォー ヤォ ワンダオ イーホァール	Duìbuqǐ wǒ yào wǎn dào yíhuìr

今行きます。	现在就去。
シェンザイ ジィウ チュー	Xiànzài jiù qù

もう少し待っていてください。	请再等一会儿。
チンー ザイ ダンー イーホァール	Qǐng zài děng yíhuìr

[仕事]で約束の時間に行けません。	因为[工作]，不能按时去。
インウェイ [ゴンヅゥオ] ブー ナン アンシー チュー	Yīnwèi [gōngzuò] bù néng ànshí qù

交換単語
- [病気] ▶ シャンビン …… [生病] shēngbìn
- [渋滞] ▶ ドゥチゥ …… [堵车] dǔchē
- [事故] ▶ シーグウ …… [事故] shìgù

第4章／交際に使える短いフレーズ

CDトラック II 26

招待する

▶▶▶▶ 短いフレーズ

私の[部屋]に
遊びに来ませんか？
↓
ニー シャン ダオ ウォ ダ
[ファンジェン] ライ ワール マ

你 想 到 我 的
Nǐ xiǎng dào wǒ de
[房间] 来 玩儿 吗？
[fángjiān] lái wánr ma
（遊ぶ）

交換単語	[住まい] ▶ ジュウファン―／ジュウスゥオ … [住房/住所] zhùfáng/zhùsuǒ
	[アパート] ▶ ゴンユィ ……………………… [公寓] gōngyù
	[マンション] ▶ ガオジィ ゴンユィ … [高级公寓] gāojí gōngyù

私の[誕生会]に
ぜひ来てください。
↓
チン― イーディン― ライ ツァンジァウォ
ダ [シァンリー ワン ホイ]

请 一定 来 参加 我
Qǐng yídìng lái cānjiā wǒ
的 [生日 晚会]
de [shēngrì wǎn huì]

[妻]にあなたを
紹介したいのです。
↓
ウォー シァン― バ ニー ジェシャオ
ゲイ ウォー [チーズ]

我 想 把 你 介绍
Wǒ xiǎng bǎ nǐ jièshào
（紹介する）
给 我 妻子。
gěi wǒ qīzi

交換単語	[上司] ▶ シャンジー ………………… 上级 shàngjí
	[部下] ▶ シァージー／ブーシァー …… 下级／部下 xiàjí／bùxià
	[その人] ▶ ナーグレン ………………… 那个人 nàge rén

178

手料理をごちそうします。 ウォー ヅゥオツァイ ジャオダイ ニー	我 做菜(料理) 招待 你。 Wǒ zuòcài zhāodài nǐ
あなたに合わせて 献立を考えておきます。 ウォー ライ シァンー ホゥ ニー コウウェイ ダ ツァイダン	我 来 想(考える) 合 你 Wǒ lái xiǎng hé nǐ 口味 的 菜单。 kǒuwèi de càidān
お酒は強いですか？ ニー ホイ ホゥ ジィゥ マ	你 会 喝(飲む) 酒 吗？ Nǐ huì hē jiǔ ma
少しなら飲めます。 ナンー ホゥ イーディアール	能 喝 一点儿(少し)。 Néng hē yìdiǎnr
ぜんぜん飲めません。 イーディエン イエ ブー ナンー ホゥ	一点儿 也 不能 喝。 Yìdiǎnr yě bú néng hē
何を飲みますか？ ホゥ シェンマ	喝 什么？ Hē shénme
あなたの家に遊びに行っても いいですか？ クーイー ダオ ニー ジァ チュー ワール マ	可以 到 你 家 去 Kěyǐ dào nǐ jiā qù 玩儿 吗？ wánr ma

第4章

第4章／交際に使える短いフレーズ

訪問先で使える短いフレーズ

挨拶／雑談

ごめんください。	对不起。
ドゥイブチー	Duìbuqǐ

こんにちは。	你好。
ニー ハオ	Nǐ hǎo

こんばんは。	晚上好。
ワンシャンー ハオ	Wǎnshang hǎo

いらっしゃい。	欢迎。
ホァンインー	Huānyíng

はじめまして。	初次见面。
チゥツー ジェンミェン	Chūcì jiànmiàn

どうぞ上がってください。	请进(入る)。
チンー ジン	Qǐng jìn

CD 27　訪問先で使える

おじゃまします。 ダージャオ　ラ	打搅了。 Dǎjiǎo le
そのスリッパを履いてください。 チンー　チュアンシャンー　ナーシゥァンー　トゥオシェ	请穿上那双拖鞋。 Qǐng chuānshàng nàshuāng tuōxié
この人は私の[同僚]です。 ジゥー　シー　ウォー　ダー　[トンシー]	这是我的[同事]。 Zhè shì wǒ de [tóngshì]

交換単語
- [妻] ▶ アイレン／チーヅ …… [爱人／妻子] àirén/qīzi
- [息子] ▶ アールズ …… [儿子] érzi
- [娘] ▶ ヌィアール …… [女儿] nǚ'ér
- [先輩] ▶ チェンベイ …… [前辈] qiánbèi
- [後輩] ▶ ワンベイ …… [晚辈] wǎnbèi

[田中さん]をご紹介します。 ウォー　ライ　ジェシャオ　[ティェンジョンー　シェンシャンー]	我来介绍[田中先生]。 Wǒ lái jièshào [Tiánzhōng xiānsheng]
私は[加藤]です。 ウォー　ジァオ　[ジァタンー]	我叫[加藤]。 Wǒ jiào [Jiāténg]
よろしくお願いします。 チンー　ドゥオ　グァンジァオ	请多关照。 Qǐng duō guānzhào

第4章

第4章／交際に使える短いフレーズ

[ご主人]にはお世話になっております。
→
ジンチャンー ダダオ [ニン シェンシャンー] ダ ジァオグウ

经常 得到 [您 先生] 的 照顾。
Jīngcháng dédào [nín xiānsheng] de zhàogù
(常づね / 得る / 配慮する)

お会いできて嬉しいです。
→
ジェンダオ ニー ヘン ガオシンー

见到 你 很 高兴。
Jiàndào nǐ hěn gāoxìng
(嬉しい)

ゆっくりしてください。
→
チンー ドゥオ ヅゥオ イーホァール

请 多 坐 一会儿。
Qǐng duō zuò yíhuìr

どうぞくつろいでください。
→
チンー スゥエイビェン ヅゥオ

请 随便 坐。
Qǐng suíbiàn zuò

[あなたの部屋]を見てもいいですか？
→
クーイー ツァングァン イーシャー [ニー ダ ファンジェン] マ

可以 参观 一下
Kěyǐ cānguān yíxià
[你 的 房间] 吗?
[nǐ de fángjiān] ma

交換単語
- [庭] ▶ ホァユウェン ……… [花园] huāyuán
- [外の景色] ▶ ワイミェン ダ フンジンー …… [外面的风景] wàimiàn de fēngjǐng
- [コレクション] ▶ ショウツァンー …… [收藏] shōucáng

トイレを使わせてください。
→
ナンー ヨンー イーシャー ツゥスゥオ マ

能 用 一下 厕所 吗?
Néng yòng yíxià cèsuǒ ma
(使う / トイレ)

会食での会話

食べましょう！ → チー バ	吃(食べる) 吧！ Chī ba
飲んでください。 → チンー ホゥ バ	请 喝(飲む) 吧。 Qǐng hē ba
おいしそうですね！ → カン シャンチュー ヘン ハオチーア	看 上去 很 好吃(おいしい) 啊！ Kàn shàngqu hěn hǎochī a
いただきます！ → ウォー チー ラ	我 吃 了！ Wǒ chī le
乾杯！ → ガンベイ	干杯！ Gānbēi
好きなものを取ってください。 → ティアオ ニー アイ チー ダ	挑(選ぶ) 你 爱(好む) 吃 的。 Tiāo nǐ ài chī de
遠慮しないで食べてください。 → ビェ クーチー ドゥオ チー ディアール	别 客气(遠慮する), 多 吃 点儿。 Bié kèqi duō chī diǎnr

第4章／交際に使える短いフレーズ

とてもおいしいです。 → タイ ハオチー ラ	太 好吃 了。 Tài hǎochī le
お料理がお上手ですね。 → ジェン ホイ ヅゥオツァイ	真 会 做菜。 （上手だ）（料理） Zhēn huì zuòcài
もう結構です。 → ブー ヤォ ラ	不 要 了。 Bú yào le
もう十分です。 → ゴゥ ラ	够 了。 （充分に） Gòu le

さまざまな祝い事

お誕生日おめでとう。 → ジゥ ニー シャンリー クァイラ	祝 你 生日 快乐。 Zhù nǐ shēngrì kuàilè
ご結婚おめでとう。 → ジゥ ニー（メン） シンフゥン クァイラ	祝 你(们) 新婚 快乐。 Zhù nǐ (men) xīnhūn kuàilè
ご退院おめでとう。 → ゴンシー ニー チューユゥェン	恭喜 你 出院。 Gōngxǐ nǐ chūyuàn

別れの挨拶

| もう帰らなければなりません。 | 该 走(行く) 了。 |
| ガイ ヅォゥ ラ | Gāi zǒu le |

| そろそろ、失礼します。 | 要 告辞(辞去する) 了。 |
| ヤォ ガオツー ラ | Yào gàocí le |

| 今日はとても楽しかったです。 | 今天 非常 愉快。 |
| ジンティェン フェイチャンー ユィクァイ | Jīntiān fēicháng yúkuài |

| おじゃましました。 | 打扰(じゃまをする) 了。 |
| ダージァオ ラ | Dǎjiǎo le |

| ごちそうさまでした。 | 谢谢 款待(もてなす)。 |
| シェーシェ クァンダイ | Xièxie kuǎndài |

| また遊びに来てください。 | 以后 再 来 玩儿(遊ぶ)。 |
| イーホゥ ザイ ライ ワール | Yǐhòu zài lái wánr |

| また来ます。 | 一定 来。 |
| イーディンー ライ | Yídìng lái |

住まいと家具・インテリアに関する単語

●住まい・家屋

[居間]	チージューシー	起居室	qǐjūshì
[屋上]	ウーディン	屋顶	wūdǐng
[階段]	タイジェ／ロウティ	台阶／楼梯	táijiē / lóutī
[壁]	チャンビー	墙壁	qiángbì
[ガラス]	ボーリー	玻璃	bōlí
[玄関]	メンコウ	门口	ménkǒu
[書斎]	シュウファン	书房	shūfáng
[寝室]	ウォーシ	卧室	wòshì
[洗面所]	グァンシーシー／ウェイシャンジェン	盥洗室／卫生间	guànxǐshì / wèishēngjiān
[倉庫]	ツァンクウ	仓库	cāngkù
[台所]	チュファン	厨房	chúfáng
[天井]	ティェンホァバン	天花板	tiānhuābǎn
[ドア、扉]	メン	门	mén
[トイレ]	ツゥスゥオ	厕所	cèsuǒ
[柱]	ジゥズ	柱子	zhùzi
[風呂]	ユィシー	浴室	yùshì
[ベランダ]	ヤンタイ	阳台	yángtái
[窓]	チュアンフウ	窗户	chuānghu
[床]	ディーバン	地板	dìbǎn
[廊下]	ヅォウラン	走廊	zǒuláng

●家具・インテリア

[椅子]	イーズ	椅子	yǐzi
[カーテン]	チュアンリェン	窗帘	chuānglián
[家具]	ジャージュ	家具	jiājù
[花瓶]	ホァピン	花瓶	huāpíng
[ゴミ箱]	ラージーシャン	垃圾箱	lājīxiāng
[絨毯(じゅうたん)]	ディータン	地毯	dìtǎn
[ソファー]	シャーファ	沙发	shā fā
[たんす]	イーチゥ	衣橱	yīchú
[机]	シェヅタイ	写字台	xiězìtái
[テーブル]	ジュオズ／ツァンジュオ	桌子／餐桌	zhuōzi / cānzhuō
[灰皿]	イェンホイガン	烟灰缸	yānhuīgāng
[ハンガー]	イージャ	衣架	yījià
[引き出し]	チョウティ	抽屉	chōuti
[ベッド]	チュアン	床	chuáng
[本棚]	シュウチゥ	书橱	shūchú

第5章

毎日の生活で使える短いフレーズ

第2部

▶▶▶ 中国語会話 すぐに使える短いフレーズ

第5章／毎日の生活で使える短いフレーズ

CDトラック Ⅱ-29

銀行で使える
▶▶▶▶ 短いフレーズ

両替する

[両替]の窓口はどこですか？ → [ホァンチェン] ダ チュァンコウ ザイ ナール	[換钱]的 窗口 [Huànqián] de chuāngkǒu 在 哪儿？ zài　nǎr （両替する／窓口／どこ）
[両替]をお願いします。 → チンー [ホァンチェン]	请[换钱]。 Qǐng [huànqián]
[外貨]の[両替]はどこでできますか？ → ナール ナンー [ホァン] [ワイビー]	哪儿 能 [换][外币]？ Nǎr néng [huàn] [wàibì] （両替する／外貨）
トラベラーズチェックを現金に換えてください。 → チンー バ リューシンー ジーピァオ ホァンチャンー シェンジン	请 把 旅行 支票 Qǐng bǎ lǚxíng zhīpiào （トラベラーズチェック） 换成 现金。 huànchéng xiànjīn
今日のレートはいくらですか？ → ジンティエン ダ ホイリュー シー ドゥオシァオ	今天 的 汇率 是 多少？ Jīntiān de huìlǜ shì duōshao

188

CD 29　銀行で使える

新札でください。
→
チンー　ゲイ　ウォー　シン　ダ　ジービー

请 给 我 新 的 纸币。
Qǐng gěi wǒ xīn de zhǐbì

くずしてください。
→
チンー　ホァン　リンチェン

请 换 零钱。
Qǐng huàn língqián

銀行口座を開く

[普通預金口座] を
開きたいのですが。
→
ウォー　シァンー　カイ［フゥオチー
ツンクァン　ジァンフウ］

我 想 开 [活期
Wǒ xiǎng kāi [huóqī（開く／普通）
存款 帐户]。
cúnkuǎn zhànghù]（預金／口座）

サイン取引にしてください。
→
チンー　ヅゥオ　チェンミンー　ジァオイー

请 做 签名 交易。
Qǐng zuò qiānmíng jiāoyì（行う／署名する／取り引き）

キャッシュカードを
作りたいです。
→
ウォー　シァンー　ヅゥオ　イージァンー
ティークァンカー

我 想 做 一张
Wǒ xiǎng zuò yìzhāng
提款卡。
tíkuǎnkǎ（キャッシュカード）

伝票の書き方がわかりません。
→
ブー　ジーダォ　ヅェンマ
シェー　ジァンダン

不 知道 怎么
Bù zhīdao zěnme（どのように）
写 帐单。
xiě zhàngdān（書く／計算書）

第5章

第5章／毎日の生活で使える短いフレーズ

預金の出し入れ

預金したいのですが。
→
ウォー シァンー ツン チェン

我 想 存(預ける) 钱。
Wǒ xiǎng cún qián

預金をおろしたいのですが。
→
ウォー シァンー チュー チェン

我 想 取(受け取る) 钱。
Wǒ xiǎng qǔ qián

5,000元引き出します。
→
ウォー シァンー チュー ウーチェン
クァイ チェン

我 想 取 五千
Wǒ xiǎng qǔ wǔqiān
块 钱。
kuài qián

お金が足りません。
→
チェン ブー ゴウ

钱 不 够(足りる)。
Qián bú gòu

印鑑は必要ですか？
→
シューヤォ トゥジャンー マ

需要 图章(印鑑) 吗？
Xūyào túzhāng ma

自動支払機はどこですか？
→
ズードンー チュークァンジー ザイ ナール

自动 取款机 在 哪儿？
Zìdòng qǔkuǎnjī zài nǎr

口座の解約をしたいのですが。
→
ウォー シァンー チューシァオ ジャンフウ

我 想 取消(無効にする) 帐户(口座)。
Wǒ xiǎng qǔxiāo zhànghù

振り込む

振り込みたいのですが。
→
ウォー シァンー トングオ ジァンフウ フー チェン

我 想 通过 帐户 付 钱。
Wǒ xiǎng tōngguò zhànghù fù qián

海外に送金したいのですが。
→
ウォー シァンー ゲイ グオワイ ホイ チェン

我 想 给 国外 汇 钱。
Wǒ xiǎng gěi guówài huì qián

その他

この機械の使い方を教えてください。
→
チンー ガオスウ ウォー ジゥタイ ジーチー ダ シーヨンー ファンファー

请 告诉 我 这台 机器 的 使用 方法。
Qǐng gàosu wǒ zhètái jīqì de shǐyòng fāngfǎ

口座をストップしてください。
→
チンー ティンー ヨンー ジァンフウ

请 停用 帐户。
Qǐng tíng yòng zhànghù

第5章／毎日の生活で使える短いフレーズ

交通に関する
▶▶▶ 短いフレーズ

CDトラック 30▶32

電車・バスに乗る

切符売場はどこですか？ シォウピァオチゥ ザイ ナール	售票处 在 哪儿？ (切符を売る) (どこ) Shòupiàochù zài nǎr
[切符]の買い方を教えてください。 チンー ガオスゥ ウォー ヅェンマ マイ [チゥピァオ]	请 告诉 我 怎么 (知らせる) (どのように) Qǐng gàosu wǒ zěnme 买 [车票]。 (切符) mǎi [chēpiào]
[バス]の乗り方がわかりません。 ウォー ブー ジーダォ ヅェンマ ズゥオ [ゴンゴンー チーチゥ]	我 不 知道 怎么 Wǒ bù zhīdao zěmen 坐 [公共 汽车]。 (バス) zuò [gōnggòng qìchē]
この[電車]は[世紀広場]へ行きますか？ ジゥリァンー [ディェンチゥ] チュー [シージ グァンチァンー] マ	这辆 [电车] 去 (電車) Zhèliàng [diànchē] qù [世纪 广场] 吗？ [Shìjì guǎngchǎng] ma

交換単語
- [地下鉄] ▶ ディーティエ ……………… [地铁] dìtiě
- [モノレール] ▶ ダングィディェンチゥ … [单轨 电车] dānguǐ diànchē

行きます。 チュー	去。 Qù
行きません。 ブー チュー	不 去。 Bú qù
電車が違いますよ。 ディエンチュ ブー ドゥイ	电车 不 对。 Diànchē bú duì
[外灘(バンド)]へ行くには、何駅で降りればいいですか？ チュー [ワイタン] ザイ ナール シャーチゥ	去[外滩(バンド)]，在 哪儿 下车(どこ下車する)？ Qù [Wàitān] zài nǎr xiàchē
[南京東路駅(ナンキントウルー)]で降りるのがいいでしょう。 ザイ [ナンジンドンルー ジャン] シャーチゥ	在[南京东路 站] Zài [Nánjīngdōnglù zhàn] 下车。 xiàchē
[新天地]へ行くバスはどれですか？ チュ [シンティエンディー] ダ ゴンゴンー チーチゥ シー ナー イーリャンー	去[新天地]的 Qù [Xīntiāndì] de 公共 汽车 是 哪 一辆？ gōnggòng qìchē shì nǎ yíliàng

第5章／毎日の生活で使える短いフレーズ

[新天地] 行きはどこから出ますか？ → チュー [シンティエンディー] ツォンー ナール チゥファー	去 [新天地]，从 哪儿 出发？ Qù [Xīntiāndì] cóng nǎr chūfā
[豫園] まではいくらですか？ → ダオ [ユィユゥエン] ドゥオシァオ チェン	到 [豫园] 多少 钱？ Dào [Yùyuán] duōshao qián
料金はいくらですか？ → チゥフェイ シー ドゥオシァオ	车费 是 多少？ Chēfèi shì duōshao
[蘇州]行きは何番ホームですか？ → チュー [スゥージョウ] ダ ザイ ジー ハオ ジャンダイ	去「苏州」的 在 几 号 站台？ Qù [Sūzhōu] de zài jǐ hào zhàntái
[快速] は [蘇州] に止まりますか？ → [クァイチゥ] ザイ [スゥージョウ] ティンー マ	[快车] 在 [苏州] 停 吗？ [Kuàichē] zài [Sūzhōu] tíng ma
止まります。／止まりません。 → ティンー／ブー ティンー	停。／不 停。 Tíng Bù tíng

車内での会話

この席は空いていますか？ ジゥ ヅゥオウェイ コンジゥー マ	这 座位 空着 吗？ Zhè zuòwèi kòngzhe ma
空いています。 コンジゥー	空着。 Kòngzhe
空いていません。 ヨウ レン	有人。 Yǒu rén
すみません、友達が来ます。 ドゥイブチー ウォー パンヨウ ヤォ ライ	对不起， Duìbuqǐ 我 朋友 要 来。 wǒ péngyou yào lái
[紫禁城]までは、どのくらいかかりますか？ ダオ [ズージンチャンー] シューヤォ ドゥオチャン シージェン	到 [紫禁城]， Dào [Zǐjìnchéng] 需要 多长 时间？ xūyào duōcháng shíjiān
あと20分くらいかかります。 ハイ ヤォ アールシー フェンジォンー	还 要 二十分钟。 Hái yào èrshí fēnzhōng

第5章／毎日の生活で使える短いフレーズ

[王府井]まで、あと何駅ですか？
→
ダオ ［ワンフージンー］
ハイ ヨウ ジー ジァン

到 [王府井]，
Dào [Wángfǔjǐng]
还 有 几 站？
hái yǒu jǐ zhàn

[王府井]まで、あと3駅です。
→
ダオ ［ワンフージンー］
ハイ ヨウ サン ジァン

到 [王府井]、
Dào [Wángfǔjǐng]
还 有 三 站。
hái yǒu sān zhàn

次です。
→
シャー イージァン ジィウ シー

下 一 站 就 是。
Xià yízhàn jiù shì

次は[王府井]ですよ。
→
シャー イージァン ジィウ シー
[ワンフージンー] ラ

下 一 站 就 是
Xià yízhàn jiù shì
[王府井]了。
[Wángfǔjǐng] le

どこで乗り換えれば
いいですか？
→
ザイ ナール ホァンチゥ

在 哪儿 换车？
Zài nǎr huànchē

[王府井]で[2番地下鉄]に
乗り換えてください。
→
チンー ザイ ［ワンフージンー］
ホァン ［アール ハオ ディティエ］

请 在 [王府井]
Qǐng zài [Wángfǔjǐng]
换 [二号 地铁]。
huàn [èr hào dìtiě]

交通に関する

[王府井]に着いたら
教えてください。
→
ダオ　ラ　[ワンフージンー]
チンー　ガオスゥ　ウォー

到了[王府井]，
Dào le　[Wángfǔjǐng]
请 告诉 我。
qǐng gàosu wǒ

知らせる

[王府井]に着きましたよ。
→
ダオ　[ワンフージンー]　ラ

到[王府井]了。
Dào　[Wángfǔjǐng]　le

方向・目標となる建物などの単語

日本語	カタカナ読み	中国語	ピンイン
[空港]	ジーチャンー	机场	jīchǎng
[駅]	チゥジャン	车站	chē zhàn
[デパート]	バイフゥオシャンディェン／シャンチャンー	百货商店／商场	bǎihuò shāngdiàn／shāngchǎng
[スーパーマーケット]	チャオジーシーチャンー／チャオシー	超级市场／超市	chāojí shìchǎng／chāoshì
[公園]	ゴンユゥェン	公园	gōngyuán
[橋]	チァオ	桥	qiáo
[交差点]	シズルウコウ	十字路口	shízì lùkǒu
[通り(道)]	ダオルウ／マールウ	道路／马路	dàolù／mǎ lù
[高速道路]	ガオスゥゴンルウ	高速公路	gāosù gōnglù
[高層ビル]	ガオツゥンージェンジゥ	高层建筑	gāocéng jiànzhù
[迎賓館]	インビングァン	迎宾馆	yíngbīnguǎn
[映画館]	ディェンインユゥェン	电影院	diànyǐngyuàn
[美術館]	メェイシュゥグァン	美术馆	měishùguǎn
[博物館]	ボウグァン	博物馆	bówùguǎn
[銀行]	インハンー	银行	yínháng
[学校]	シュエシァオ	学校	xuéxiào
[病院]	イユゥェン	医院	yīyuàn
[郵便局]	ヨウジュ	邮局	yóujú
[工場]	ゴンチャンー	工厂	gōngchǎng
[地下鉄出口]	ディティェチゥコウ	地铁出口	dìtiě chūkǒu
[レストラン]	ツァンティンー	餐厅	cāntīng
[ホテル]	ファンディェン	饭店	fàndiàn

第5章／毎日の生活で使える短いフレーズ

タクシーに乗る

[ホテル中国] まで行ってください。 チンー　ダオ　[ジョングオ　ファンディェン]	请 到 [中国 饭店]。 Qǐng dào [Zhōngguó fàndiàn]
[空港] までいくらくらいですか？ ダオ　ジーチャンー　ダーユエ　ドゥオシァオ　チェン	到 机场(空港) 大约 Dào jīchǎng dàyuē 多少 钱？ duōshao qián
[空港] まで何分くらいかかりますか？ ダオ　ジーチャンー　ダーユエ　シューヤオ　ドゥオチャン　シージェン	到 机场 大约 需要 Dào jīchǎng dàyuē xūyào 多长 时间？ duōcháng shíjiān
トランクに荷物を入れたいのですが。 ウォー　シャンー　バ　シンリ　ファンー　ダオ　ホウチゥシァンー	我 想 把 行李(荷物) 放 Wǒ xiǎng bǎ xíngli fàng 到 后车箱。 dào hòuchēxiāng
次の信号の手前で止めてください。 チンー　ザイ　シャー　イーグ　シンハオダンー　チェン　ティンチゥ	请 在 下(降りる) 一个 Qǐng zài xià yíge 信号灯 前 停车(停車する)。 xìnhàodēng qián tíngchē

交通に関する

すみません、降ります。
対不起，我要下车。
Duìbuqǐ　wǒ　yào　xià　chē

この先で止めてください。
请在 前面(前方) 停车。
Qǐng zài qiánmiàn tíngchē

ここでいいです。
这儿(ここ) 可以了。
Zhèr　kěyǐ　le

いくらですか？
多少 钱？
Duōshao qián

領収書をください。
请给我 收据(領収書)。
Qǐng gěi　wǒ　shōujù

メーターと料金が違います。
计程表(メーター) 和 车费 的
Jìchéngbiǎo　hé　chēfèi　de
金额 不 一样。
Jīn'é　bù　yíyàng

料金が高すぎます。
车费 太 贵(高い) 了。
Chēfèi　tài　guì　le

第5章／毎日の生活で使える短いフレーズ

道をたずねる／道を教える ▶▶▶ 短いフレーズ

CDトラック II-33

警察署はどこですか？
→ ジンチャジュ ザイ ナール

警察局 在 哪儿？
（警察署）　　（どこ）
Jǐngchájú　zài　nǎr

まっすぐ行けばいいのですか？
→ イージー ワンー チェン ヅォゥ ジゥ ダオ ラ マ

一直 往 前 走 就
（まっすぐ）（向かって）（行く）
Yìzhí　wǎng qián zǒu jiù

到 了 吗？
dào le ma

駅へはどう行けばいいですか？
→ ダオ チゥジャン ヅェンマ ヅォゥ

到 车站 怎么 走？
Dào chēzhàn zěnme zǒu

この先を、どちらに曲がればいいのですか？
→ ダオ ラ チェンミェン ワンー ナール グァイ

到 了 前面，
　　　　（前方）
Dào le qiánmiàn

往 哪儿 拐？
　　　　（曲がる）
wǎng nǎr guǎi

この先の信号を渡って、[左]へ曲がればすぐです。
→ グオ ラ チェンミェン ダ シンハオ ワンー ［ヅゥオ］グァイ ジィウ シー

过 了 前面 的 信号，
（渡る）
guò le qiánmiàn de xìnhào

往 [左] 拐 就 是。
wǎng [zuǒ] guǎi jiù shì

CD 33 道をたずねる／道を教える

突き当たりの交差点を[右]です。 ↓ ダオ ラ ジントウ ダ ルゥコウ ワンー [ヨウ]	到了 尽头(終点) 的 Dào le jìntóu de 路口(交差点) 往 [右]。 lùkǒu wǎng [yòu]
2つ目の角を [右]へ曲がってください。 ↓ ダオ ラ ディ アール グ グァイジァオ チンー ワンー [ヨウ] グァイ	到了 第 二 个 拐角(曲がり角) Dào le dì èr ge guǎijiǎo 请 往 [右] 拐。 qǐng wǎng [yòu] guǎi
この先に警察署がありますので、 そこで聞いてください。 ↓ チェンミェン ヨウ ジンチャジュ チンー ダオ ナール ウェン イーシャー バ	前面 有 警察局，请 Qiángmiàn yǒu jǐngchájú qǐng 到 那儿 问(聞く) 一下 吧。 dào nàr wèn yíxià ba
歩いてどのくらいで着きますか？ ↓ ヤォ ヅォウ ドゥオジュウ ツァイ ナンダオ	要 走(歩く) 多久 才 能到？ Yào zuǒ duōjiǔ cái néngdào
15分くらいで着きますよ。 ↓ ダーユエ シーウー フェンジョンー	大约(約) 十五 分钟。 Dàyuē shíwǔ fēnzhōng
私はこのあたりには 詳しくありません。 ↓ ウォー ドゥイ ジュル フージン ブー シュゥシ	我 对 这儿 附近 不 Wǒ duì zhèr fùjìn bù 熟悉(熟知する)。 shúxī

第5章

第5章／毎日の生活で使える短いフレーズ

郵便・宅配便に関する短いフレーズ

CDトラック Ⅱ 34

[郵便局]はどこですか？
→ [ヨウジュ] ザイ ナール

[郵便局] 在 哪儿?
[Yóujú] zài nǎr

交換単語
[ポスト] ▶ ヨウトンー ……………… [邮筒] yóutǒng

これを投函したいのですが。
→ ウォー シァンー ジー ジュガ

我 想 寄 这个。
Wǒ xiǎng jì zhège

[普通郵便]でお願いします。
→ チンー ジー [ピンシン]

请 寄 [平信]。
（郵送する）（普通郵便）
Qǐng jì [píngxìn]

交換単語
[速達] ▶ クァイジェン ……………… [快件] kuàijiàn
[書留] ▶ グァハオシン ……………… [挂号信] guàhàoxìn

[大きさ]の制限はありますか？
→ ヨウ [ダーシァオ] シェンジ マ

有 [大小] 限制 吗?
Yǒu [dàxiǎo] xiànzhì ma
（制限）

交換単語
[重さ] ▶ ジョンリャンー ……………… [重量] zhòngliàng
[長さ] ▶ チャンドゥアン ……………… [长短] chángduǎn

郵便・宅配便に関する

[はがき]を[5枚]ください。
↓
チンー ゲイ ウォー [ウー ジャンー]
[ミンシンピェン]

请给我[五张][明信片]。
Qǐng gěi wǒ [wǔ zhāng] [míngxìnpiàn]

交換単語

| 絵はがき ▶ トゥピェン ミンシンピェン…… [图片 明信片] túpiàn míngxìnpiàn |
| 往復はがき ▶ ワンファン ミンシンピェン…… [往返 明信片] wǎngfǎn míngxìnpiàn |
| 封筒 ▶ シンフンー……………………[信封] xìnfēng |
| 便箋 ▶ シンジー……………………[信纸] xìnzhǐ |
| 切手 ▶ ヨウピァオ……………………[邮票] yóupiào |
| 記念切手 ▶ ジーニェン ヨウピァオ……[纪念 邮票] jìniàn yóupiào |

[小包]用の[箱]をください。
↓
チン ゲイ ウォー ジゥアンー [バオグォー] ダ [シァンズ]

请给我装[包裹]的[箱子]。
Qǐng gěi wǒ zhuāng [bāoguǒ] de [xiāngzi]
（中に入れる／小包／箱）

交換単語

| 袋 ▶ ダイズ ……………………………[袋子] dàizi |
| 送り状 ▶ ソンフゥオダン …………[送货单] sònghuòdān |

[航空便]でお願いします。
↓
チンー ジー [ハンコンシン]

请寄[航空信]。
Qǐng jì [hángkōngxìn]
（航空便）

交換単語

| 船便 ▶ ヨウチュァン シン …………[邮船 信] yóuchuán xìn |
| EMS便 ▶ EMSヨウジェン …………[EMS 邮件] EMS yóujiàn |

第5章／毎日の生活で使える短いフレーズ

中身は何ですか？
→
リーミェン シー シェンマ

里面 是 什么？
Lǐmiàn shì shénme

割れ物です。
→
ジュ シー イースゥェイ ウーピン

这 是 易碎(割れやすい) 物品。
Zhè shì yìsuì wùpǐn

それは送れません。
→
ジュ ブー ナン ジー

这 不 能 寄。
Zhè bù néng jì

荷物に保険をかけます。
→
ゲイ ウーピン ジァ バオシェン

给 物品 加 保险(保険)。
Gěi wùpǐn jiā bǎoxiǎn

この[手紙]は
いくらかかりますか？
→
ジュフン―[シン] ヨウジー
シューヤォ ドゥオシァオ チェン

这封 [信](手紙) 邮寄(郵送する)
Zhèfēng [xìn] yóujì
需要 多少 钱？
xūyào duōshao qián

この[荷物]は
日本にいつ頃着きますか？
→
ジュジェン[シンリ] シェンマ シーホゥ
ナン ジー ダオ リーベン

这件 [行李] 什么 时候(いつ)
Zhèjiàn [xíngli] shénme shíhou
能 寄 到 日本？
néng jì dào Rìběn

▶封筒の体裁と宛名の書き方

中国内では定められた規格サイズがありますが、海外からの書簡の場合には規格はありません。
中国でも通用する一般的な宛名の書き方の例を紹介します。

郵便番号
中国の郵便番号は6ケタです。
番号を正確に書きましょう。間違えると配達してもらえません。

```
┌─────────────────────────────────────┐
│ 1 0 0 2 1 0              切手       │
│                                     │
│    中国 北京市 海淀区 学院路         │
│    友杏里 XX号楼 4-XXX              │
│    王新江 先生                      │
│                                     │
│   航空信                            │
│   または          〒151-0000        │
│   Air Mail     日本国东京都新宿区新宿 1-1-1 日本 太郎 │
└─────────────────────────────────────┘
```

封筒
封筒は市販の航空用封筒か一般の封筒を使います。
一般の封筒の場合「航空信」または「Air Mail」と赤い字などで書きます。
何も書かなければ船便で扱われます。

相手の住所／名前
中国への手紙の場合、住所は中国語の漢字で書きます（何行でもよい）。
名前に付ける敬称は男女や相手との関係、親しさなどによって変わります。
　先生（男性に付ける一般的な敬称。公式の手紙やそれほど親しくない人
　　　　の場合はフルネームに付けます）
　女史（女性に付ける一般的な敬称。姓またはフルネームに付けます）
　小姐（若い女性や未婚の女性に付けます）
　名前だけ（年下や親しい友人の場合、敬称抜きの名前だけでも大丈夫です）
　老師（学校の先生に宛てる手紙には男女を問わず使用します）
　肩書き（職場の上司、ビジネス上の手紙にはフルネームに付けます。職
　　　　　場以外の公式な手紙でも、肩書きや役職を付けます）

自分の住所／名前
封筒の表、相手の住所氏名の下に書きます（裏には書きません）。

電話に関する短いフレーズ

電話をかける

もしもし。
ウェイ

喂。
Wèi

[小林] と申します。
ウォー ジァオ [シャオリン]

我 叫 [小林]。
Wǒ jiào [Xiǎolín]

[王さん] をお願いします。
チンー [ワンー シェンシャンー／
ワンー シァオジェ] ティンー ディェンホァ

请 [王 先生／
Qǐng [Wáng xiānsheng

王 小姐] 听 电话。
Wáng xiǎojiě] tīng diànhuà

[王さん] はいらっしゃいますか？
チンー ウェン [ワンー シェンシャンー／
ワンー シァオジェ] ザイ マ

请 问 [王 先生／
Qǐng wèn [Wáng xiānsheng

王 小姐] 在 吗？
Wáng xiǎojiě] zài ma

後でまたかけます。
イーホァール ザイ ダー バ

一会儿 再 打 吧。
Yíhuìr zài dǎ ba

電話に関する

私に電話をするように伝言してください。	请他给我回个电话。
チンー ター ゲイ ウォー ホイ グ ディエンホァ	Qǐng tā gěi wǒ huí ge diànhuà

電話があったことを伝えてください。	请告诉他我来过电话。
チンー ガオスウ ター ウォー ライ グオ ディエンホァ	Qǐng gàosu(知らせる) tā wǒ lái guo diànhuà

すみません、かけ間違えました。	对不起,我打错(間違った)了。
ドゥイブチー ウォー ダー ツォ ラ	Duìbuqǐ wǒ dǎ cuò le

電話を受ける

はい、[三田]です。	你好,我是[三田]。
ニーハオ ウォー シー[サンティェン]	Nǐ hǎo wǒ shì [Sāntián]

いつもお世話になっております。	经常(常づね)承蒙(していただく)您的关照(世話をする)。
ジンチャンー チャンメンー ニン ダ グァンジァオ	Jīngcháng chéngméng nín de guānzhào

少々お待ちください。	请稍等(待つ)。
チンー シァオ ダンー	Qǐng shāo děng

第5章

第5章／毎日の生活で使える短いフレーズ

不在の場合の答え方

ただ今、外出中です。	他 出去 了。
ター チゥチューラ	Tā chūqu le（外出する）

すぐ戻ると思います。	我 想 他 马上 就 回来。
ウォー シァンー ター マーシャンー ジィウ ホイライ	Wǒ xiǎng tā mǎshàng（今すぐ）jiù huílai（帰って来る）

[3時] に戻る予定です。	他 大约 [三点] 回来。
ター ダーユエ [サン ディェン] ホイライ	Tā dàyuē（予定する）[sān diǎn] huílai

電話局との会話

国際電話はかけられますか？	能 打 国际 电话 吗？
ナンー ダー グオジー ディェンホァ マ	Néng dǎ guójì（国際）diànhuà ma

電報を打ちたいのですが。	我 想 打 电报。
ウォー シァンー ダー ディェンバオ	Wǒ xiǎng dǎ diànbào（電報）

テレフォンカードをください。	请 给 我 电话卡。
チンー ゲイ ウォー ディェンホァカー	Qǐng gěi wǒ diànhuàkǎ

留守電で使えるフレーズ

はい、[小林]です。
ニー ハオ ウォー シー [シァオリン]
你好，我是[小林]。
Nǐ hǎo wǒ shì [Xiǎolín]

お電話ありがとうございます。
シェーシェ ニン ダ ライディェン
谢谢您的来电。
Xièxie nín de láidiàn

ただ今留守にしております。
ウォー シェンザイ ブー ザイ ジァ
我现在不在家。
Wǒ xiànzài bú zài jiā

ただ今電話に出られません。
ウォー シェンザイ ブー ナンー ジェ ディェンホァ
我现在不能接电话。
Wǒ xiànzài bù néng jiē diànhuà

ご用件をお願い致します。
チンー ニン リューイェン
请您留言。
Qǐng nín liúyán
（伝言する）

こちらから連絡致します。
ウォー ホイ ゲン ニン リェンルォ
我会跟您联络。
Wǒ huì gēn nín liánluò
（連絡を取る）

ありがとうございました。
シェーシェ
谢谢。
Xièxie

食事に関する 短いフレーズ

日本語のメニューはありませんか？	有 日语 的 菜单 吗？
ヨウ リーユィ ダ ツァイダン マ	Yǒu Rìyǔ de càidān ma

注文します。	我 想 点菜。
ウォー シャンー ディェンツァイ	Wǒ xiǎng diǎncài

これをください。	我 要 这个。
ウォー ヤォ ジゥグ	Wǒ yào zhège

[酢豚]はありますか？	有[糖醋肉]吗？
ヨウ [タンツゥロォウ] マ	Yǒu [tángcùròu] ma

私は[担々麺]が食べたいです。	我 想 吃[担担面]。
ウォー シャンー チー [ダンダンミェン]	Wǒ xiǎng chī [dàndànmiàn]

[定食]にします。	我 吃[客饭]。
ウォー チー [クーファン]	Wǒ chī [kèfàn]

| 食事に関する |

同じものをお願いします。 チンー ゲイ ウォー イーヤンー ダ	请给我一样的。 （同じである） Qǐng gěi wǒ yíyàng de
おすすめはどれですか？ ナーグ クーイー トゥイジェン	哪个可以推荐？ （推薦する） Nǎge kěyǐ tuījiàn
コース料理だと何品くらいですか？ タォツァン ヨウ ジー グ ツァイ	套餐有几个菜？ Tàocān yǒu jǐ ge cài
いただきます。 ウォー チー ラ	我吃了。 Wǒ chī le
ごちそうさま。 チー バオ ラ シェーシェ	吃饱了，谢谢。 （満腹の） Chī bǎo le xièxie
乾杯！ ガンベイ	干杯！ Gānbēi
おいしい！ ハオチー	好吃！ Hǎochī
いいにおい！ ハオ シァンー ア	好香啊！ Hǎo xiāng a

第5章／毎日の生活で使える短いフレーズ

[水] をください。 チンー ゲイ ウォー イーベイ [シュエイ]	请给我一杯[水]。 Qǐng gěi wǒ yìbēi [shuǐ]
[飲茶ヤムチャ] を付けてください。 チンー ゲイ ウォー ジャー [インチャ]	请给我加足す[饮茶]。 Qǐng gěi wǒ jiā [yǐnchá]
大盛りにしてください。 チンー ゲイ ウォー チャンー ダーワン ダ	请给我盛盛る大碗的。 Qǐng gěi wǒ chéng dàwǎn de
[コーヒー] はまだですか？ [カーフェイ] ハイ メェイヨウ ハオ マ	[咖啡]还没有好吗？ [Kāfēi] hái méiyǒu hǎo ma
これは注文していません。 ウォー メェイヨウ ディェン ジゥグ	我没有点注文する这个。 Wǒ méiyǒu diǎn zhège
頼んだ料理と違います。 ジゥ ブー シー ウォー ディェン ダ ツァイ	这不是我点的菜。 Zhè bú shì wǒ diǎn de cài
料理が冷めています。 ツァイ リァンー ラ	菜凉了。 Cài liáng le

CD 36　食事に関する

[辛] すぎます。 タイ [ラー] ラ	太 [辣] 了。 Tài [là] le

交換単語
- [甘 (い)] ▶ ティェン …………… [甜] tián
- [塩辛 (い)] ▶ シェン …………… [咸] xián
- [酸っぱ (い)] ▶ スァン …………… [酸] suān
- [苦 (い)] ▶ クー …………… [苦] kǔ

もう食べられません。 ブー ナンー ザイ チー ラ	不能再吃了。 Bù néng zài chī le
皿を下げてください。 チンー バー パンズ チゥ ラ	请把盘子撤了。 Qǐng bǎ pánzi chè le
[お勘定] をお願いします。 チンー [ジェジャンー]	请 [结帐]。^{勘定をする} Qǐng [jiézhàng]
[おつり] が違います。 [ジァオトウ] ブー ドゥイ	[找头]^{おつり} 不对。 [Zhǎotou] bú duì
持ち帰りたいのですが。 ウォー シァンー ダイ ヅォゥ	我想带走。^{持ち帰る} Wǒ xiǎng dài zǒu
たばこを吸ってもいいですか？ クーイー シーイェン マ	可以吸烟^{喫煙する}吗？ Kěyǐ xīyān ma

第5章

メニュー(中華)の単語

日本語	カナ読み	中国語	ピンイン
[炒飯]	チャオファン	炒饭	chǎofàn
[シュウマイ]	シァオマイ	烧卖	shāomài
[水餃子]	シュェイジァオ	水饺	shuǐjiǎo
[焼き餃子]	ジェンジァオ	煎饺	jiānjiǎo
[ラーメン]	ミェンティァオ	面条	miàntiáo
	ラーミェン	拉面	lā miàn
[ワンタン]	フゥントゥン	馄饨	húntun
	ユィントゥン	云饨	yúntun
[チャーシューメン]	チャシァオミェン	叉烧面	chāshāomiàn
[タンメン]	タンミェン	汤面	tāngmiàn
[担々麺]	ダンダンミェン	担担面	dàndànmiàn
[焼きそば]	チャオミェン	炒面	chǎomiàn
[あんかけ焼きそば]	ゴウチェンチャオミェン	勾芡炒面	gōuqiàn chǎomiàn
[八宝菜]	バーバオツァイ	八宝菜	bābǎocài
[回鍋肉]	ホイグオロゥ	回锅肉	huíguōròu
[飲茶]	インチャ	饮茶	yǐnchá
[点心]	ディェンシン	点心	diǎnxīn
[北京ダック]	ベイジンカオヤー	北京烤鸭	běijīng kǎoyā
[フカひれ姿煮]	ジゥユイチー	煮鱼翅	zhǔ yúchì
[海燕のスープ]	イェンウォタンー	燕窝汤	yànwōtāng
[酢豚]	タンツウロゥ	糖醋肉	tángcùròu
[麻婆豆腐]	マーポードウフ	麻婆豆腐	mápó dòufu
[魚の姿蒸し]	チンジュンユイ	清蒸鱼	qīngzhēngyú
[ゴマ団子]	ジャーマーチィウ	炸麻球	zhá máqiú
[春巻]	チュウンジュエン	春卷	chūnjuǎn
[ちまき]	ヅォンズ	粽子	zòngzi
[粥]	ヅォウ	粥	zhōu
[小龍包]	シァオロンバオ	小笼包	xiǎolóngbāo
[エビチリソース炒め]	ファンチェガンシァオシァレン	番茄干烧虾仁	fānqié gānshāo xiārén
[杏仁豆腐]	シンレンドウフ	杏仁豆腐	xìngrén dòufu
[カニ玉]	ジェンフーロンダン	煎芙蓉蛋	jiān fúróngdàn
[アワビの姿煮]	ホンシァオバオユイ	红烧鲍鱼	hóngshāo bàoyú
[薬膳]	ヤオシャン	药膳	yàoshàn
[おこげ]	グオバ	锅巴	guōba
[バンバンジー]	バンバンジー	棒々鸡	bàngbàngjī
[チンジャオロースー]	チンジァオロォウスー	青椒肉丝	qīngjiāo ròusī

メニュー(日本料理)の 単語

日本語	カタカナ	中国語	ピンイン
[天ぷら]	ティェンフールォ	天麸罗	tiānfúluó
[刺身]	シャンユイピェン	生鱼片	shēngyúpiàn
[寿司]	ショウスー	寿司	shòusī
[すき焼き]	リーシーニィウロウフゥオグォ	日式牛肉火锅	rìshì niúròu huǒ guō
[牛肉しゃぶしゃぶ]	シゥァンニィウロウ	涮牛肉	shuànniúròu
[寄せ鍋]	シージンシャグォ	什锦砂锅	shíjǐn shā guō
[おでん]	アオディェン	熬点	áodiǎn
[ざるそば]	グォシゥェイチァオマイミェン	过水荞麦面	guò shuǐ qiáomài miàn
[きつねうどん]	ィォウドウフゥードンー	油豆腐乌冬	yóudòufu wūdōng
[おにぎり]	ズーツァイファントゥアン	紫菜饭团	zǐcài fàntuán
[茶漬け]	チァパオファン	茶泡饭	chápàofàn
[みそ汁]	ジァンタンー	酱汤	jiàngtāng
[新香]	ジァンツァイ	酱菜	jiàngcài
[トンカツ]	ジャージゥーパイ	炸猪排	zhá zhūpái
[コロッケ]	ジャートゥドウビンー	炸土豆饼	zhá tǔdòubǐng
[天丼]	ジャーシァガイファン	炸虾盖饭	zhá xiā gàifàn
[カツ丼]	ジャージゥーパイガイファン	炸猪排盖饭	zhá zhūpái gàifàn
[親子丼]	ジーロウジーダンガイファン	鸡肉鸡蛋盖饭	jīròu jīdàn gàifàn
[牛丼]	ニィウロウガイジァオファン	牛肉盖浇饭	niúròu gàijiāofàn
[うなぎの蒲焼き]	カオマンユイ	烤鳗鱼	kǎo mànyú
[カレイの煮付け]	ホンシァオディェユイ	红烧鲽鱼	hóngshāo diéyú
[さんまの塩焼き]	カォチィウダオユイ	烤秋刀鱼	kǎo qiūdāoyú
[さばの味噌煮]	ジァンドゥンチンーホァユイ	酱炖青花鱼	jiàngdùn qīnghuāyú
[いかの塩辛]	シェンラヨウユイ	咸辣鱿鱼	xiánlà yóuyú
[鶏の唐揚げ]	ジャージーロウクァイ	炸鸡肉块	zhá jī ròukuài
[肉じゃが]	トゥドウドゥンロウ	土豆炖肉	tǔdòu dùnròu
[豚の角煮]	ホンシァオロウ	红烧肉	hóngshāoròu
[雑煮]	パオファン	泡饭	pàofàn
[赤飯]	ホンドウファン	红豆饭	hóngdòufàn
[焼肉]	カオロウ	烤肉	kǎoròu
[お好み焼き]	グアンドンミェンビン	关东面饼	guāndōng miàn bǐng
[レバニラ炒め]	ジィウツァイチァオガンピェン	韭菜炒肝片	jiǔcài chǎo gānpiàn
[オムレツ]	シンリーダン	杏力蛋	xìnglìdàn
[オムライス]	ダンバオファン	蛋包饭	dànbāofàn
[ハンバーグ]	ハンバオニィウロウビンー	汉堡牛肉饼	hànbǎo niúròubǐng
[カレーライス]	ガーリーファン	咖哩饭	gālífàn
[スパゲティ]	イーダーリーミェン	意大利面	yìdàlì miàn

第5章

第5章／毎日の生活で使える短いフレーズ

買い物に関する短いフレーズ

CDトラック 37→38

売り場をたずねる／営業時間をたずねる

いらっしゃいませ！
→ ホァンインー グァンリン

欢迎 光临！
（お越しくださる）
Huānyíng guānglín

[何]をお探しですか？
→ ニン ザイ ジァオ [シェンマ]

您 在 找 [什么]？
（探す）
Nín zài zhǎo [shénme]

[電化製品]を買いたいのですが。
→ ウォー シァンー マイ [ディェンチー]

我 想 买 [电器]。
（買う）
Wǒ xiǎng mǎi [diànqì]

[こちら]にございます。
→ [ジュル] ヨウ

[这儿] 有。
（ここ）
[Zhèr] yǒu

交換単語
[奥] ▶ ヅゥィ リーミェン ………… [最 里面] zuì lǐmiàn
[この先] ▶ チェンミェン ………… [前面] qiánmiàn

[2階]でございます。
→ ザイ [アール ロウ]

在 [二楼]。
Zài [èr lóu]

216

CD 37 買い物に関する

[靴]売場はどこですか?
→
[シェズ] グェイタイ ザイ ナール

[鞋子]柜台 在 哪儿?
[Xiézi] guìtái zài nǎr

交換単語
- [バッグ] ▶ バオ ……………… [包] bāo
- [帽子] ▶ マオズ ……………… [帽子] màozi
- [手帳] ▶ シォウツゥ ……………… [手册] shǒucè

[右手]に[階段]がございます。
→
ヨウビェン ヨウ ロウティ

[右边]有[楼梯]。
[Yòubian] yǒu [lóutī]

交換単語
- [エスカレーター] ▶ ズードンー フウティ ‥[自动 扶梯] zìdòng fútī
- [エレベーター] ▶ ディェンティ ………… [电梯] diàntī

何時までですか?
→
インイェ ダオ ジー ディェン

营业 到 几 点?
Yíngyè dào jǐ diǎn

おもちゃ売場は夜[8時]までです。
→
ワンジュー グェイタイ インイェ
ダオ ワンシャンー [バー ディェン]

玩具 柜台 营业
Wánjù guìtái yíngyè
到 晚上 [八 点]。
dào wǎnshang [bā diǎn]

お休みはいつですか?
→
シンチージー シューシ

星期几 休息?
Xīngqījǐ xiūxi

[水曜日]がお休みです
→
[シンチーサン] シューシ

[星期三]休息。
[Xīngqīsān] xiūxi

第5章

第5章／毎日の生活で使える短いフレーズ

選ぶ／交渉する

あの [かばん]を見せてください。 チンー ランー ウォー カン イーシャー ナーグ ［バオ］	请让我看一下 Qǐng ràng wǒ kàn yíxià 那个［包］。 nàge ［bāo］
いくらですか？ ドゥオシァオ チェン	多少钱？ Duōshao qián
高すぎます！ タイ グェイ ラ	太贵啦！ Tài guì la
まけてください。 チンー ザイ ピェンイー イーディアール バ	请再便宜^{値が安い} Qǐng zài piányi 一点儿^{少し}吧。 yìdiǎnr ba
もう少し安いのはありませんか？ ヨウ ザイ ピェンイ イーディアール ダ マ	有再便宜一点儿 Yǒu zài piányi yìdiǎnr 的吗？ de ma
お土産になるものはありませんか？ ヨウ クーイー ヅゥオ リーウ ダ ドンシ マ	有可以作礼物^{お土産} Yǒu kěyǐ zuò lǐwù 的东西吗？ de dōngxi ma

CD 38 買い物に関する

少しでいいです。
→ イーディアール ジィウ ゴォ ラ

一点儿 就 够了。(充分に)
Yìdiǎnr jiù gòu le

[1斤（=約500g）] ください。
→ チン― ゲイ ウォー [イー ジン]

请 给 我 [一斤]。
Qǐng gěi wǒ [yì jīn]

[試して] もいいですか？
→ クーイー [シ― イーシャー] マ

可以 [试 一下] 吗？
Kěyǐ [shì yíxià] ma

交換単語
[触って] ▶ モー イーシャー ………… [摸 一下] mō yíxià
[試食して] ▶ チャン― イーシャー … [尝 一下] cháng yíxià
[試着して] ▶ シ― ツァン― イーシャー … [试 穿 一下] shì chuān yíxià

他の [色] はありませんか？
→ ヨウ チータ [イェンスゥ] マ

有 其他 [颜色] 吗？
Yǒu qítā [yánsè] ma

交換単語
[デザイン] ▶ クァンシー ………………… [款式] kuǎnshì
[柄] ▶ ホァヤン― ………………………… [花样] huāyàng
[サイズ] ▶ ダーシァオ ……………………… [大小] dàxiǎo

[大き] すぎます。
→ タイ [ダ―] ラ

太 [大] 了。
Tài [dà] le

交換単語
[小さ(い)] ▶ シァオ ……………………… [小] xiǎo
[長(い)] ▶ チャン― …………………… [长] cháng
[短(い)] ▶ ドゥアン ……………………… [短] duǎn
[多(い)] ▶ ドゥオ ……………………… [多] duō
[少な(い)] ▶ シァオ ……………………… [少] shǎo
[厚(い)] ▶ ホウ ………………………… [厚] hòu
[薄(い)] ▶ バオ ………………………… [薄] báo

第5章

第5章／毎日の生活で使える短いフレーズ

これはいりません。
→ ジゥグ ブー ヤォ

这个 不要。
Zhège bú yào
(これ)

あれにします。
→ ウォー ヤォ ナーグ

我 要 那个。
Wǒ yào nàge
(あれ)

[贈り物]用に包んでください。
→ ジゥ シー [リーウ] チンー バオジュアンー イーシャー

这 是 [礼物] 请 包装 一下。
Zhè shì [lǐwù] qǐng bāozhuāng yíxià
(贈り物)

[配達して]ください。
→ チンー [ソンー] イーシャー

请 [送] 一下。
Qǐng [sòng] yíxià

交換単語
[取り替えて] ▶ ホゥァン ……… [换] huàn
[修理して] ▶ シュー ……… [修] xiū

[壊れて]います。
→ [ホゥアイ] ラ

[坏] 了。
[Huài] le
(壊れる)

交換単語
[割れて] ▶ スゥェイ ……… [碎] suì
[破れて] ▶ ポー ……… [破] pò
[漏れて] ▶ ロウ ……… [漏] lòu

返品したいのですが。
→ ウォー シァンー トゥイフゥオ

我 想 退货。
Wǒ xiǎng tuìhuò

買い物に関する

いつ頃できますか？
→ シェンマ シーホゥ ナン― ハオ

什么 时候 能 好？
Shénme shíhou néng hǎo

気に入ったのがありません。
→ メェイヨウ カンジォン― ダ

没有 看中 的。（気に入る）
Méiyǒu kànzhòng de

もうちょっと考えます。
→ ラン― ウォー ザイ シァンイーシァン―

让 我 再 想一想。
Ràng wǒ zài xiǎngyìxiǎng

支払う

現金で払います。
→ ウォー ヨン― シェンジン ジェジァン―

我 用 现金 结帐。（勘定する）
Wǒ yòng xiànjīn jiézhàng

クレジットカードでもいいですか？
→ クーイー ヨン― シンヨンカー マ

可以 用 信用卡 吗？（クレジットカード）
Kěyǐ yòng xìnyòngkǎ ma

分割払いはできますか？
→ クーイー フェンチー フークァン マ

可以 分期 付款 吗？
Kěyǐ fēnqī fùkuǎn ma

トラベラーズチェックは使えますか？
→ クーイー ヨン― リゥィシン― ジーピァオ マ

可以 用 旅行 支票 吗？（トラベラーズチェック）
Kěyǐ yòng lǚxíng zhīpiào ma

食材と調味料などに関する **単語**

●魚肉

[イカ]	ウゼイ／モユイ	乌贼／墨鱼	wūzéi / mòyú
[イシモチ]	フゥアンホァユイ	黄花鱼	huánghuā yú
[エビ]	シャ	虾	xiā
[カニ]	シェ	蟹	xiè
[牛肉]	ニィウロォウ	牛肉	niúròu
[鯉]	リーユイ	鲤鱼	lǐyú
[タコ]	ジャンユイ	章鱼	zhāngyú
[卵]	ダン	蛋	dàn
[鶏肉]	ジーロォウ	鸡肉	jīròu
[豚肉]	ジゥーロォウ	猪肉	zhūròu
[レバー]	ガン	肝	gān

●野菜・その他

日本語	カナ読み	中国語	ピンイン
[キャベツ]	ジュエンシンツァイ	卷心菜	juǎnxīncài
[米]	ダーミー	大米	dàmǐ
[シイタケ]	シャングウ	香菇	xiānggū
[ジャガイモ]	トウドウ	土豆	tǔdòu
[大根]	ルォボ	萝卜	luóbo
[大豆]	ホァンドウ	黄豆	huángdòu
[豆腐]	ドウフ	豆腐	dòufu
[トマト]	ファンチェ	番茄	fānqié
[ニラ]	ジィウツァイ	韭菜	jiǔcài
[ニンジン]	フウルォボ	胡萝卜	húluóbo
[ネギ]	（ダー）ツォンー	（大）葱	(dà)cōng
[ニンニク]	ダースァン	大蒜	dàsuàn
[ノリ]	ズツァイ	紫菜	zǐcài
[白菜]	バイツァイ	白菜	báicài
[ピーマン]	チャンジァオ	青椒	qīngjiāo
[ワカメ]	チュンダイツァイ	裙带菜	qúndàicài

●調味料

日本語	カナ読み	中国語	ピンイン
[コショウ]	フウジァオ	胡椒	hújiāo
[ゴマ油]	マーヨウ／シャンヨウ	麻油／香油	máyóu / xiāngyóu
[砂糖]	タンー	糖	táng
[塩]	イェン	盐	yán
[醤油]	ジァンヨウ	酱油	jiàng yóu
[酢]	ツウ	醋	cù
[味噌]	ジァンー	酱	jiàng

第6章

旅行で使える短いフレーズ

第2部

▶▶▶ 中国語会話すぐに使える短いフレーズ

第6章／旅行で使える短いフレーズ

ホテルで使える
▶▶▶ 短いフレーズ

CDトラック 39 → 40

交渉／チェックイン

[ツインルーム]はありますか？
→ ヨウ [シュァンレンファンー] マ

有［双人房］吗？
Yǒu [shuāngrénfáng] ma

交換単語

[シングルルーム] ▶ ダンレンファンー
　　　　　　　　　　［単人房］　　　dānrénfáng

[バス付きの部屋] ▶ ダイ ユィシー ダ ファンジェン
　　　　　　　　　　［带浴室的房间］dài yùshì de fángjiān

[眺めの良い部屋] ▶ フンジンー ハオ ダ ファンジェン
　　　　　　　　　　［风景好的房间］fēngjǐng hǎo de fángjiān

[南向きの部屋] ▶ チァオ ナン ダ ファンジェン
　　　　　　　　　　［朝南的房间］cháo nán de fángjiān

[安い部屋] ▶ ピェンイ ダ ファンジェン
　　　　　　　　　　［便宜的房间］piányi de fángjiān

予約をした[渡辺]ですが、チェックインをお願いします。
→ ウォー シー ユィユエゴォー ダ [ドゥビェン]
　 チン バン ルゥジュー シォウシュー

我 是 预约过 的［渡边］，
Wǒ shì yùyuēguò de [Dùbiān]
请 办 入住 手续。
qǐng bàn rùzhù shǒuxù

荷物を部屋まで運んでください。
→ チン バー シンリ バンダオ
　 ファンジェン チュー

请 把 行李 搬到
Qǐng bǎ xíngli bāndào
房间 去。
fángjiān qù

ホテルで使える

1泊いくらですか?
→ ジゥー イーワン ドゥオシァオ チェン

住 一晚 多少 钱?
(宿泊する)
Zhù yìwǎn duōshao qián

[3日間]滞在する予定です。
→ ジーホァ ドゥリュー [サン ティェン]

计划 逗留 [三 天]。
(計画)
Jìhuà dòuliú [sān tiān]

[日本円]で払うことはできますか?
→ ナンー ヨンー [リービー] ジェジァンー マ

能 用 [日币] 结帐 吗?
(勘定する)
Néng yòng [Rìbì] jiézhàng ma

このカードは使えますか?
→ ジゥ カー クーイー ヨンー マ

这 卡 可以 用 吗?
(カード)
Zhè kǎ kěyǐ yòng ma

朝食(夕食)は付いていますか?
→ ダイ ザオツァン (ワンツァン) マ

带 早餐(晚餐) 吗?
Dài zǎocān (wǎncān) ma

遅いチェックアウトは
できますか?
→ ナンー ワン イーディアール
トゥイファンー マ

能 晚 一点儿
(遅い)
Néng wǎn yìdiǎnr
退房 吗?
(チェックアウト)
tuìfáng ma

食事ができるところは
ありますか?
→ ヨウ クーイー ヨンツァン ダ
ディファンー マ

有 可以 用餐 的
Yǒu kěyǐ yòngcān de
地方 吗?
(場所)
dìfang ma

第6章／旅行で使える短いフレーズ

部屋でインターネットは
できますか？
→
ファンジェンリー　ナン―　シャンワン―　マ

房间里　能　上网　吗？
Fángjiānli　néng　shàngwǎng　ma

部屋で携帯電話は
つながりますか？
→
ファンジェンリー　ヨウ
シォウジー　シンハオ　マ

房间里　有
Fāngjiānli　yǒu
手机(携帯電話)　信号　吗？
shǒujī　xìnhào　ma

貴重品は
預かってもらえますか？
→
クーイー　ジーツゥン
グェイヅォン―　ウーピン　マ

可以　寄存
Kěyǐ　jìcún
贵重　物品　吗？
guìzhòng　wùpǐn　ma

室内・施設での要望・トラブル　40

[非常口]はどこですか？
→
[タイピンメン]　ザイ　ナール

[太平门]　在　哪儿？
[Tàipíngmén]　zài　nǎr

ドライヤーはありますか？
→
ヨウ　チゥイフンジー　マ

有　吹风机(ドライヤー)　吗？
Yǒu　chuīfēngjī　ma

[部屋]を替える(替える)ことは
できますか？
→
ナン―　ホァン　[ファンジェン]　マ

能　换　[房间]　吗？
Néng　huàn　[fángjiān]　ma

ホテルで使える

もっと [広い] 部屋に
替えてもらえますか？
⬇
ナン― ホァン イージェン [クァンチャン]
イーディアール ダ ファンジェン マ

能 換 一间 [宽敞]
Néng huàn yìjiān [kuānchang]
（面積が広い）
一点儿 的 房间 吗？
yìdiǎnr de fángjiān ma
（少し）（部屋）

交換単語
[安い] ▶ ピェンイー ……………[便宜] piányi
[静かな] ▶ アンジン ……………[安静] ānjìng

ルームサービスをお願いします。
⬇
ウォー シャンー ヤォ ファンジェン フーウー

我 想 要 房间 服务。
Wǒ xiǎng yào fángjiān fúwù
（サービス）

お湯が出ません。
⬇
メェイヨウ ジューシュェイ

没有 热水。
Méiyǒu rèshuǐ
（湯）

水が止まりません。
⬇
シュェイ ティンブジュー

水 停不住。
Shuǐ tíngbuzhù
（止まる）

トイレが流れません。
⬇
ツゥスゥオ ドゥジゥー ラ

厕所 堵住 了。
Cèsuǒ dǔzhù le
（トイレ）

電気がつきません。
⬇
ダン― ブー リャン― ラ

灯 不 亮 了。
Dēng bú liàng le
（明るい）

第6章

第6章／旅行で使える短いフレーズ

エアコンが動きません。
→ コンティアオ ブー ドンー ラ

空调 不 动 了。
Kōngtiáo bú dòng le
（エアコン）（動く）

部屋が[暑]すぎます。
→ ファンジェン タイ [ジュ] ラ

房间 太 [热] 了。
Fángjiān tài [rè] le

交換単語
[寒] ▶ ランー ………………… [冷] lěng
[暗] ▶ アン ………………… [暗] àn
[狭] ▶ ジャイ ………………… [窄] zhǎi

[通訳]を呼んでください。
→ チンー ジアオ [ファンイー]

请 叫 [翻译]。
Qǐng jiào [fānyì]
（呼ぶ）（通訳）

交換単語
[医者] ▶ イーシャンー ………………… [医生] yīshēng
[タクシー] ▶ チュズウーチュ ………… [出租车] chūzūchē
[ガイド] ▶ ダオヨウー ………………… [导游] dǎoyóu
[フロント係] ▶ ヅォンータイ レンユウェン … [总台人员] zǒngtái rényuán
[支配人] ▶ ジンリー ………………… [经理] jīnglǐ
[日本語のわかる人] ▶ ホイ シゥオ リーユィ ダ レン
　　　　……… [会说日语的人] huì shuō Rìyǔ de rén

鍵を中に置き忘れてしまいました。
→ ウオー バー ヤオシ ワンー ザイ リーミェン ラ

我 把 钥匙 忘 在 里面 了。
Wǒ bǎ yàoshi wàng zài lǐmiàn le
（鍵）

鍵を預かってください。
→ チンー バオグァン ヤオシ

请 保管 钥匙。
Qǐng bǎoguǎn yàoshi

[601号室]の鍵をください。 ↓ チンー ゲイ ウオー[リューリンヤオファンー] ダ ヤオシ	请 给 我 [601房] Qǐng gěi wǒ [liùlíngyāo fáng] 的 钥匙。 de yàoshi
外出します。 ↓ ウォー ヤォ チゥチュー ラ	我 要 出去 了。 Wǒ yào chūqù le
起こさないでください。 ↓ チンー ウー ダーラォ	请 勿 打扰。^{じゃまをする} Qǐng wù dǎrǎo
ベッドメーキングをしてください。 ↓ チンー プーチゥァンー	请 铺床。 Qǐng pūchuáng

チェックアウト

チェックアウトをお願いします。 ↓ チンー ゲイ ウォー トゥイファンー	请 给 我 退房。^{チェックアウト} Qǐng gěi wǒ tuìfáng

屋内での**単語**

[フロント] ▶ ヅォンタイ	总台	zǒngtái
[階段] ▶ ロウティー	楼梯	lóutī
[エレベーター] ▶ ディェンティー	电梯	diàntī
[食堂] ▶ ファンティンー	饭厅	fàntīng
[売店] ▶ シァオマイブー	小卖部	xiǎomàibù
[バー] ▶ ジィウバー	酒吧	jiǔbā
[トイレ] ▶ ツゥスゥオ	厕所	cèsuǒ
[私の部屋] ▶ ウォーダファンジェン	我的房间	wǒ de fángjiān

第6章／旅行で使える短いフレーズ

観光地で使える
▶▶▶ 短いフレーズ

CDトラック II 41→42

記念撮影

すみません、写真を撮ってもらえますか？ ▼ ドゥイブチー　ニー　クーイー　ゲイ　ウォー（ウォーメン）パイジァオ　マ	对不起，你 可以 给 Duìbuqǐ　nǐ　kěyǐ　gěi 我（我们）拍照 吗？ wǒ （wǒmen）pāizhào ma （写真を撮る）
私と一緒に写真を撮ってもらえませんか？ ▼ ニー　クーイー　ホゥ　ウォー　イーチー パイ　イージャンー　ジァオ　マ	你 可以 和 我 一起 Nǐ　kěyǐ　hé　wǒ　yìqǐ　（一緒に） 拍 一张 照 吗？ pāi yìzhāng zhào ma （撮影する）
撮ってあげましょうか？ ▼ ウォー　ゲイ　ニー　パイ　バ	我 给 你 拍 吧。 Wǒ gěi nǐ pāi ba
あの［建物］を入れてください。 ▼ チン　バ　ナージュアンー ［ダーロウ］パイ　ジン　チュー	请 把 那幢 Qǐng bǎ nàzhuàng ［大楼］拍 进 去。 ［dàlóu］pāi jìn qù

交換単語
- ［銅像］▶ トンシァンー ……… ［铜像］tóngxiàng
- ［彫刻］▶ ディアオクー ……… ［雕刻］diāokè
- ［建造物］▶ ジェンジゥーウー …… ［建筑物］jiànzhùwù

観光地で使える

写真ができたら送ります。
→
ジァオピェン シー ハオ ラ ジィウ ジー ゲイ ニー

照片 洗 好 了 就 寄 给 你。
Zhàopiàn xǐ hǎo le jiù jì gěi nǐ

シャッターを押してください。
→
チン アン イーシャー クァイメン

请 按 一下 快门。
Qǐng àn yíxià kuàimén

ここを押すだけです。
→
ジーヤォ アン イーシャー ジュル

只要 按 一下 这儿。
Zhǐyào àn yíxià zhèr

フラッシュを使っても大丈夫ですか？
→
クーイー シーヨン シャングァンダン マ

可以 使用 闪光灯 吗？
Kěyǐ shǐyòng shǎnguāngdēng ma

ここは[撮影禁止]ですか？
→
ジュル[ジンジー パイジァオ] マ

这儿[禁止 拍照]吗？
Zhèr [jìnzhǐ pāizhào] ma

禁止の表現

[フラッシュ禁止] ▶ ジンジーシーヨンシャングァンダン
　　　　　禁止使用闪光灯　　jìnzhǐ shǐyòng shǎnguāngdēng
[スケッチ禁止] ▶ ジンジーシェシャン ……… 禁止写生　　jìnzhǐ xiěshēng
[飲食禁止] ▶ ジンジーインシー ……………… 禁止饮食　　jìnzhǐ yǐnshí
[禁煙] ▶ ジンジーシーイェン ………………… 禁止吸烟　　jìnzhǐ xīyān
[火気厳禁] ▶ ジンジーイェンフゥオ ………… 禁止烟火　　jìnzhǐ yānhuǒ
[立入禁止] ▶ ジンジールゥネィ ……………… 禁止入内　　jìnzhǐ rùnèi
[危険] ▶ ウェイシェン ………………………… 危险　　　　wēixiǎn

第6章／旅行で使える短いフレーズ

名所・美術館・博物館に行く

チケットはどこで買えますか？
→ メンピァオ ザイ ナール マイ

门票 在 哪儿 买？
Ménpiào zài nǎr mǎi
（チケット／どこ／買う）

チケットを1枚ください。
→ チンー ゲイ ウォー イージャンー メンピァオ

请 给 我 一张
Qǐng gěi wǒ yìzhāng
门票。
ménpiào

日本語版のパンフレットはありますか？
→ ヨウ リーユィ ダ シァオツゥズ マ

有 日语 的
Yǒu Rìyǔ de
（日本語）
小册子 吗？
xiǎocèzi ma
（パンフレット）

パンフレットはいくらですか？
→ シァオツゥズ ドゥオシャオ チェン

小册子 多少 钱？
Xiǎocèzi duōshao qián

パンフレットを1部ください。
→ チンー ゲイ ウォー イーベン シァオツゥズ

请 给 我 一本
Qǐng gěi wǒ yìběn
小册子。
xiǎocèzi

ガイドブックはありますか？
→ ヨウ ダオヨウシュウ マ

有 导游书 吗？
Yǒu dǎoyóushū ma
（ガイドブック）

CD 41 観光地で使える

解説CDを貸してください。
→ チンー ジェ ゲイ ウォー ジェシュオ CD

请 借 给 我 解说 CD。
Qǐng jiè gěi wǒ jiěshuō CD

何時に[閉館]しますか？
→ ジー ディエン [グァンメン]

几 点 [关门]?（閉館する）
Jǐ diǎn [guānmén]

交換単語
[開館] ▶ カイグァン ………… [开馆] kāiguǎn
[終了] ▶ ジェシュ …………… [结束] jiéshù

観光案内所で

[ロッカー]はありますか？
→ ヨウ [ツンファングェイ] マ

有 [存放柜] 吗?
Yǒu [cúnfànggùi] ma

交換単語
[観光地図] ▶ リューヨウトウ ……… [旅游图] lǚyóutú
[時刻表] ▶ シージェンビァオ ……… [时间表] shíjiānbiǎo

この街の観光スポットはどこですか？
→ ジュ ヅゥオ チャンシー ヨウ ナーシィエ ジンー ディエン

这 座 城市 有 哪些 景点?
Zhè zuò chéngshì yǒu nǎxie jǐngdiǎn

トイレはどこですか？
→ ツゥスゥオ ザイ ナール

厕所 在 哪儿?
Cèsuǒ zài nǎr

第6章／旅行で使える短いフレーズ

ショー・映画を観る

[明日]のチケットを予約したいのですが。
→
ウォー シァンー ユィユエ
[ミンティェン] ダ ピァオズ

我 想 预约（予約する）
Wǒ xiǎng yùyuē
[明天] 的 票子（チケット）。
[míngtiān] de piàozi

交換単語
[来週の] ▶ シャージォウ ダ ……… [下周 的] xiàzhōu de
[15日の] ▶ シーウー ハオ ダ ……… [十五号 的] shíwǔ hào de

[今日]のチケットはありませんか？
[ジンティェン] ダ ピァオズ ヨウ マ

[今天]的 票子 有 吗？
[Jīntiān] de piàozi yǒu ma

座って観られますか？
→
ナンー ヅゥオジゥ カン マ

能 坐着（座る） 看（観る） 吗？
Néng zuòzhe kàn ma

公演日程表はありますか？
→
ヨウ イェンチゥー リーチャンビァオ マ

有 演出（上演する） 日程表 吗？
Yǒu yǎnchū rìchéngbiǎo ma

おすすめの演目はどれですか？
→
ナーグ ジェムー クーイー トゥイジェン

哪个 节目（演目） 可以 推荐？
Nǎge jiémù kěyǐ tuījiàn

観光地で使える

観やすい席がいいです。
→ カンダ チンチゥー イーディアール ダ ヅゥオウェイ ビージャオ ハオ

看得 清楚（はっきりとした）一点儿 的 坐位（座席）比较 好。
Kànde qīngchǔ yìdiǎnr de zuòwèi bǐjiào hǎo

[端] でもかまいません。
→ [カオビェン ダ] イエ メェイ グァンシ

[靠边 的] 也 没 关系。
[Kàobiān de] yě méi guānxi

交換単語
[後ろ] ▶ ホゥーミェン ダ …………… [后面 的] hòumiàn ce
[立ち見] ▶ ジャンジゥ カン …………… [站着 看] zhànzhe kàn

開演（上映開始）は何時ですか？
→ ジー ディェン カイィエン（カイシー ファンインー）

几点 开演（开始 放映）?
Jǐ diǎn kāiyǎn (kāishǐ fàngyìng)

上演時間はどのくらいですか？
→ シャンイェン シージェン ドゥオジュウ

上演 时间 多久?
Shàngyǎn shíjiān duōjiǔ

幕間の休憩はありますか？
→ ヨウ ムージェン シューシ シージェン マ

有 幕间 休息 时间 吗?
Yǒu mùjiān xiūxi shíjiān ma

字幕付きですか？
→ ヨウ ズームー マ

有 字幕 吗?
Yǒu zìmù ma

第6章

中国の文化と歴史を知ることのできる 見所

●景勝地・庭園

[景山公園] ▶ ジンシャンゴンユウェン…… 景山公园　Jǐngshān gōngyuán
1416年（明代）に造園された5つの小高い丘からなる緑地公園。山頂の眺望は抜群。ボタンの名所。

[西湖] ▶ シーフウ…………………… 西湖　Xīhú
杭州西郊の景勝地。湖上に小島が点在、山水の景観に四季の風物を取り上げた「西湖十景」は有名。

[留園] ▶ リューユウェン…………… 留园　Liúyuán
蘇州四大名園の一つ。清代の庭園様式を伝える。楼閣を結ぶ長い回廊の有名書家の墨跡が見もの。

[魯迅公園] ▶ ルウシュンゴンユウェン… 鲁迅公园　Lǔxùn gōngyuán
広大な敷地面積、緑豊かな公園。偉大な文学者魯迅の墓と記念館がある。市民の憩いの場でも。

●建造物

[孔廟] ▶ コンズミァオ……………… 孔子庙　Kǒngzǐmiào
孔子を祀る中国最古の廟。孔子逝去の翌年（BC478年）創建。現建物群は多くが明代以降のもの。

[岳陽楼] ▶ ユエヤンロウ…………… 岳阳楼　Yuèyánglóu
洞庭湖の東岸に建つ。杜甫をはじめ古来多くの詩文に詠まれている名楼。高さ19.7mで3層の建物。

[晋祠] ▶ ジンツー…………………… 晋祠　Jìncí
太原の南西25kmにある古跡群。境内に北宋時代の木造建築物、明代の廟など古建築物は300以上。

[天安門] ▶ ティェンアンメン……… 天安门　Tiān'ānmén
故宮外城の南門で中国のシンボル。礎石が築かれたのは1471年（明代）、1651年に現在の形に。

[宝帯橋] ▶ バオダイチァオ………… 宝带桥　Bǎodàiqiáo
北京と杭州を結ぶ大運河に架かる全長317m、中国最長のアーチ型石橋。唐代の建設で橋桁数53。

[六和塔] ▶ リューホウタ…………… 六合塔　Liùhétǎ
杭州市の南西6kmにそびえる八角形に見える13層の塔。北宋時代（970年）の建立で内部は7層。

●史跡

[雲崗石窟] ▶ ユィンガンシークウ… 云冈石窟　Yúngǎng shíkū
武周川の断崖に東西1kmにおよぶ石窟寺院群。現存する洞窟は53ヵ所、大小5万1000体の石刻仏像。

[故宮] ▶ グウゴンー……………… 故宫　Gùgōng
元・明・清三代王朝の皇居跡。城内の面積72万㎡、部屋の総数約9,000間。外朝と内廷からなる。

[莫高窟] ▶ モーガオクウ…………… 莫高窟　Mògāokū
山の断崖南北1.8kmにわたって彫られた石窟寺院群。巨大壁画や彩色塑像など必見。世界文化遺産。

[万里の長城] ▶ ワンリーチャンチャン… 万里长城　Wànlǐ chángchéng
全長約6,300km、世界最大の建造物。紀元前3世紀秦始皇帝によって完結。現存の大半は明代に修築。

[龍門石窟] ▶ ロンメンシークウ…… 龙门石窟　Lóngmén shíkū
伊水岩壁1kmにわたる石窟寺院群。洞窟1,352ヵ所、石刻仏像数9万7,300体。高さ17.4mの石像も。

●文化施設

[故宮博物院] ▶ グウゴンボーウユウェン… 故宫博物院　Gùgōng bówùyuàn
紫禁城をそのまま博物館としたもの。明清工芸品など陳列は9部門、収蔵数105万点といわれる。

[北京動物園] ▶ ベイジンドンウーユウェン… 北京动物园　Běijīng dòngwùyuán
中国最大の動物園。600種、7,000の動物・鳥類を飼育。ジャイアントパンダなど世界的珍獣も。

第7章

滞在生活をアシストする短いフレーズ

第2部

▶▶▶ 中国語会話 すぐに使える短いフレーズ

住まいに関する短いフレーズ

CDトラック 43→44

部屋を借りる

[住まい]を探してます。
→
ウォー ザイ ジァオ [ジゥーファンー]

我 在 找 [住房]。
Wǒ zài zhǎo [zhùfáng]
（探す／住む所）

交換単語
- [家] ▶ ファンズ …………………… [房子] fángzi
- [マンション] ▶ ガオジーゴンユィ …… [高级 公寓] gāojí gōngyù
- [アパート] ▶ ゴンユィ …………………… [公寓] gōngyù

このような部屋はありませんか？
→
ヨウ ジゥヤンー ダ ファンジェン マ

有 这样 的 房间 吗？
Yǒu zhèyàng de fángjiān ma
（このような／部屋）

家賃[1000元]くらいのところはありませんか？
→
ヨウ ファンヅゥ ザイ [イーチェン クァイ]
ヅゥオヨウ ダ ファンジェン マ

有 房租 在 [一千 块]
Yǒu fángzū zài [yìqiān kuài]
左右 的 房间 吗？
zuǒyòu de fángjiān ma
（家賃／くらい）

予算は[2000元]以内です。
→
ユィスァン ザイ [リァンチェン クァイ]
イーネィ

预算 在 [两千 块]
Yùsuàn zài [liǎngqiān kuài]
以内。
yǐnèi
（予算）

[5月] から借りたいです。 ツォンー [ウー ユェフェン] カイシー ヅゥ	从 [五月份] 开始 租。（借用する） Cóng [wǔ yuèfèn] kāishǐ zū
もう少し日当たりの良いところはないですか？ ヨウ サイグァン ザイ ハオ イーディアール ダ ファンジェン マ	有 采光（日光）再 好（もっと）一点儿（少し）的 房间 吗？ Yǒu cǎiguāng zài hǎo yìdiǎnr de fángjiān ma
もう少し広い部屋はないですか？ ヨウ ザイ クァンチャンー イーディアール ダ ファンジェン マ	有 再 宽敞（広い）一点儿 的 房间 吗？ Yǒu zài kuānchang yìdiǎnr de fángjiān ma
駅から近いところがいいです。 ヤォ リー チゥジャン ジン イーディアール ダ ディーファンー	要 离（から）车站（駅）近 一点儿 的 地方（場所）。 Yào lí chēzhàn jìn yìdiǎnr de dìfang
防犯のしっかりしたところがいいです。 ヤォ バオアン イェンガ ダ ディーファンー	要 保安（安全を守る）严格（きびしい）的 地方。 Yào bǎo'ān yángé de dìfang
お風呂のある部屋がいいです。 ヤォ ダイ ヨウ ユィシー ダ ファンジェン	要 带 有 浴室（風呂）的 房间。 Yào dài yǒu yùshì de fángjiān

第7章

第7章／滞在生活をアシストする短いフレーズ

いつから借りられますか？ → クーイー ツォンー シェンマ シーホゥ カイシー ヅゥジェ	可以 从 什么 Kěyǐ cóng shénme （借用する） 时候 开始 租借？ shíhou kāishǐ zūjiè
保証人は必要ですか？ → シューヤォ バオジュンレン マ	需要 保证人 吗？ Xūyào bǎozhèngrén ma
家賃の支払いは振込ですか？ → ファンヅゥ シー イー ホイクァン ダ ファンシー ジーフ マ	（家賃）（送金） 房租 是 以 汇款 Fángzū shì yǐ huìkuǎn 的 方式 支付 吗？ de fāngshì zhīfù ma
周辺の治安は良いですか？ → ジョウウェイ ダ ジーアン ハオ マ	周围 的 治安 好 吗？ Zhōuwéi de zhì'ān hǎo ma
近くに買い物ができるところはありますか？ → フージン ヨウ クーイー ゴウウー ダ ディーファンー マ	（買い物） 附近 有 可以 购物 Fùjìn yǒu kěyǐ gòuwù （場所） 的 地方 吗？ de dìfang ma
[バス・トイレ]付きですね？ → ヤォ ダイ ヨウ [ユィシー ホゥ ツゥースゥオ] ダ マ	要 带 有 [浴室 和 Yào dài yǒu [yùshì hé （トイレ） 厕所] 的 吗？ cèsuǒ] de ma

住まいに関する

[エアコン]は付いてますか？
→
ヨウ ［コンティァオ］ マ

有 ［空调］ 吗？
Yǒu [kōngtiáo] ma
　　　エアコン

[来月]から
この部屋を借ります。
→
ツォンー ［シャーグユエ］ カイシ
ヅゥー ジュジェン ファンジェン

从 ［下个月］ 开始
Cóng [xiàgeyuè] kāishǐ
　　　　　　　　始める
租 这间 房间。
zū zhèjiān fángjiān
　　　　　　部屋

[家賃]は振り込みました。
→
［ファンヅゥー］ イージンー ホイ ラ

［房租］ 已经 汇 了。
[Fángzū] yǐjīng huì le
家賃　　　　もう

第7章

交換単語

[公共料金]	▶	ゴンヨンシィェフェイ	……	[公用 事业费]	gōngyòng shìyèfèi
[電話代]	▶	ディェンホァフェイ	……	[电话费]	diànhuàfèi
[ガス代]	▶	メィチーフェイ	……	[煤气费]	méiqìfèi
[電気代]	▶	ディエンフェイ	…………	[电费]	diànfèi
[新聞代]	▶	バオフェイ	…………	[报费]	bàofèi
[水道代]	▶	シゥェイフェイ	…………	[水费]	shuǐfèi
[光熱費]	▶	メィディェンフェイ	……	[煤电费]	méidiànfèi

中国の賃貸住宅

　中国都市部の最近の住宅と日本のそれとの最大の相違点は、床面積の広さといえるでしょう。3LDKで最低でも100㎡～120㎡、トイレ2ヵ所、バス付きが一般的です。賃貸物件として、家具付きのものも多くあります。家賃の相場は、物件の場所と周辺環境にもよりますが、100㎡～120㎡の3LDKでは、おおよそ600USドルから1000USドルです。保証人はいりませんが、保証金は家賃の2ヵ月分から3ヵ月分必要です。

　最近は日本人の経営する不動産業者も多く中国で営業しています。そうした業者は日本人家主の物件もたくさん扱っているので、中国語で交渉するのが心配な場合はこのような業者で物件を探すほうが無難でしょう。

第7章／滞在生活をアシストする短いフレーズ

さまざまな交渉

[月末]まで待ってください。
チン― ダン ダオ [ユエディー]

请 等 到 [月底]。
Qǐng děng dào [yuèdǐ]

交換単語
[来月] ▶ シャーグユエ ……… [下个月] xiàgeyuè
[来週] ▶ シャージォウ ……… [下周] xiàzhōu
[明日] ▶ ミンティェン ……… [明天] míngtiān

[家族]と一緒に
ここに住みたいです。
ウォー シァン ホゥ [ジァレン]
イーチー ジゥ ザイ ジゥル

我 想 和 [家人]
Wǒ xiǎng hé [jiārén]
一起 住 在 这儿。
yìqǐ zhù zài zhèr

交換単語
[子供] ▶ ハイズ ……… [孩子] háizi
[ペット] ▶ チョンウー ……… [宠物] chǒngwù
[友達] ▶ パンヨウ ……… [朋友] péngyou

壁にくぎを打っても
いいですか？
クーイー ザイ チャンシャンー ディンー
ディンズ マ

可以 在 墙上 钉
Kěyǐ zài qiángshàng dìng
钉子 吗？
dīngzi ma

窓が開きません。
チュアンズ ダーブーカイ

窗子 打不开。
Chuāngzi dǎbukāi

ガスが出ません。
メェイヨウ メェイチー

没有 煤气。
Méiyǒu méiqì

住まいに関する

電気がつきません。	灯 不 亮 了。 Dēng bú liàng le
ドアが壊れています。	门 坏 了。 Mén huài le
窓ガラスが割れています。	玻璃窗 碎 了。 Bōlichuāng suì le
鍵をもう一つ付けてください。	请 再 装 一 把 锁。 Qǐng zài zhuāng yì bǎ suǒ
鍵を取り替えてください。	请 换 一 把 锁。 Qǐng huàn yì bǎ suǒ
エアコンが動きません。	空调 不 动 了。 Kōngtiáo bú dòng le
トイレが流れません。	厕所 堵住 了。 Cèsuǒ dǔzhù le
水漏れです。	漏 水 了。 Lòu shuǐ le

第7章

第7章／滞在生活をアシストする短いフレーズ

[隣室]の物音がうるさいです。
→
[グービー] ヨウ ザオイン タイ チャオ ラ

[隔壁] 有 噪音 太 吵 了。
[Gébì] yǒu zàoyīn tài chǎo le

交換単語
[上の部屋] ▶ ロウシァンー ダ ファンジェン　[楼上 的 房间] lóushàng de fángjiān
[下の部屋] ▶ ロウシャー ダ ファンジェン　[楼下 的 房间] lóuxià de fángjiān
[部屋の外] ▶ ファンジェン ダ ワイミェン　[房间 的 外面] fángjiān de wàimian

テレビがよく映りません。
→
ディェンシー ブー チンチュ

电视 不 清楚。
（テレビ）（はっきりとした）
Diànshì bù qīngchu

解約したいです。
→
ウォー シァンー ジェユエ

我 想 解约。
Wǒ xiǎng jiěyuē

近所に挨拶する

よろしくお願いします。
→
チンー ドゥオ グァンジァオ

请 多 关照。
（世話をする）
Qǐng duō guānzhào

何か[規則]はありますか？
→
ヨウ シェンマ [グェイディンー] マ

有 什么 [规定] 吗？
（規則）
Yǒu shénme [guīdìng] ma

住まいに関する

燃えるゴミは
どこに捨てるのですか？
→
クーリャン　ラージー　レンー　ザイ
ナール

可燃 垃圾 扔 在
Kěrán lājī rēng zài
哪儿？
nǎr

ゴミ＝垃圾　捨てる＝扔　どこ＝哪儿

燃えないゴミは
いつ出すのですか？
→
ブー　クーリャン　ラージー　シェンマ
シーホゥ　クーイー　レンー

不 可燃 垃圾 什么
Bù kěrán lājī shénme
时候 可以 扔？
shíhou kěyǐ rēng

可能である＝可以

粗大ゴミはどう出すのですか？
→
ダジェン　ラージー　ジェンマ　レンー

大件 垃圾 怎么 扔？
Dàjiàn lājī zěnme rēng

> 現在の中国では、可燃ゴミと不可燃のゴミの分別はありません。マンションなどの高級住宅では、各層にゴミ置き場が設けられており、基本的に24時間ゴミ捨てができます。

[荷物]を
預かってくれませんか？
→
クーイー　バオグァン　イーシャー
[ドンシ]　マ

可以 保管 一下
Kěyǐ bǎoguǎn yíxià
[东西] 吗？
[dōngxi] ma

荷物＝东西

[夕方]届く予定です。
→
ダーユエ　[ホァンフゥン]　ソンダオ

大约 [黄昏] 送到。
Dàyuē [huánghūn] sòngdào

見込む＝大约

交換単語
[午前中] ▶ シャンウー ………… [上午] shàngwǔ
[午後] ▶ シャーウー ………… [下午] xiàwǔ
[今日中] ▶ ジンティェン ………… [今天] jīntiān

第7章

第7章／滞在生活をアシストする短いフレーズ

CDトラック Ⅱ-45

銭湯に関する ▶▶▶ 短いフレーズ

何時まで入れますか？
→
クーイー ヨンー ダオ ジー ディェン

可以 用 到 几 点？
Kěyǐ yòng dào jǐ diǎn

[貴重品]を預(預ける)かってください。
→
チンー ジーツン [グェイジォンー ウーピン]

请 寄存 [贵重 物品]。
Qǐng jìcún [guìzhòng wùpǐn]

交換単語
[財布] ▶ チェンバオ ………… [钱包] qiánbāo
[鍵] ▶ ヤオシ ………………… [钥匙] yàoshi

[コインランドリー]はどこですか？
→
[トゥビシー シーイージー] ザイ ナール

[投币式 洗衣机]
[Tóubìshì xǐyījī]
在 哪(どこ)儿？
zài nǎr

交換単語
[下駄箱] ▶ シェーグェ ……………… [鞋柜] xiéguì
[傘立て] ▶ リーサン ジャ …………… [立伞架] lìsǎn jià
[番台] ▶ シォゥフェイタイ …………… [收费台] shōufèi tái
[脱衣場] ▶ ホァンイーチゥ …………… [换衣处] huàn yī chù
[男湯] ▶ ナン ユィシー ……………… [男浴室] nán yùshì
[女湯] ▶ ヌィ ユィシー ……………… [女浴室] nǚ yùshì
[サウナ] ▶ サンユィナ ……………… [桑浴拿] sāngyùná
[洗面所] ▶ シーリェンチー …………… [洗脸池] xǐliǎnchí
[棚] ▶ グェイチゥ …………………… [柜橱] guìchú

銭湯に関する

ロッカーはありますか？
→
ヨウ　ツンファングェイ　マ

有 存放柜 吗？
Yǒu　cúnfàngguì　ma
（ロッカー）

タオルは売っていますか？
→
ヨウ　マイ　マォジン　マ

有 卖 毛巾 吗？
Yǒu　mài　máojīn　ma
（売る）（タオル）

衣類乾燥機はありますか？
→
ヨウ　ホンガンジー　マ

有 烘干机 吗？
Yǒu　hōnggānjī　ma

[これ]を使ってもいいですか？
→
[ジゥグ] クーイー　ヨン―　マ

[这个] 可以 用 吗？
[Zhège]　kěyǐ　yòng　ma

交換単語

- [バスタオル] ▶ ユィジン ……… [浴巾] yùjīn
- [かみそり] ▶ ティーダオ ……… [剃刀] tìdāo
- [シャンプー] ▶ シャンボー ……… [香波] xiāngbō
- [リンス] ▶ ホゥーファースゥ ……… [护发素] hùfàsù
- [歯ブラシ] ▶ ヤーシゥァー ……… [牙刷] yáshuā
- [歯みがき] ▶ ヤーガオ ……… [牙膏] yágāo

お休みはいつですか？
→
シンチージー　シューシ

星期几 休息？
Xīngqījǐ　xiūxi
（休み）

第7章

第7章／滞在生活をアシストする短いフレーズ

理髪店・美容院に関する 短いフレーズ

CDトラック II 46

| 予約をしたいのですが
→
ウォー シャンー ユィユエ | 我 想 预约。
Wǒ xiǎng yùyuē |

| 予約している［小林］ですが。
→
ウォー シー ユィユエグオ ダ
［シァオリン］ | 我 是 预约过 的
Wǒ shì yùyuèguò de
［小林］。
［Xiǎolín］ |

| ［ひげそり］をお願いします。
→
チンー ゲイ ウォー ［グゥア リェン］ | 请 给 我 ［刮 脸］。
Qǐng gěi wǒ ［guā liǎn］ |

交換単語
- ［パーマ（をかける）］ ▶ タンファ …… ［烫发］ tàngfà
- ［シャンプー（をする）］ ▶ シーファ …… ［洗发］ xǐfà
- ［トリートメント（する）］ ▶ ホゥーファ …… ［护发］ hùfà
- ［セット（する）］ ▶ ヅゥオ トゥファ …… ［做 头发］ zuò tóufa
- ［ブロー（する）］ ▶ シゥジォンー ファーシン … ［梳整 发型］ shūzhěng fàxín
- **髪染（する）** ▶ ランファ …………… ［染发］ rǎnfà
- ［マニキュア（をする）］ ▶ ラン ジージァー … ［染 指甲］ rǎn zhījiǎ

| ［カット］をしてください。
→
チンー ［ジェン］ イーシャー | 请 ［剪］ 一下。
Qǐng ［jiǎn］ yíxià |

248

| 理髪店・美容院に関する |

どのようにカットしますか？	怎么剪？
ヅェンマ ジェン	Zěnme jiǎn

このように切ってください。	请 剪成 这样。 （このように）
チンー ジェンチャンー ジゥヤンー	Qǐng jiǎnchéng zhèyàng

短く切ってください。	请 剪得 短 一点儿。
チンー ジェンダ ドゥアン イーディアール	Qǐng jiǎnde duǎn yìdiǎnr

あまり短くしないでください。	不 要 剪得 太 短。
ブー ヤオ ジェンダ タイ ドゥアン	Bú yào jiǎnde tài duǎn

もっと短くしてください。	请 剪得 再 短 一点儿。
チンー ジェンダ ザイ ドゥアン イーディアール	Qǐng jiǎnde zài duǎn yìdiǎnr

シャンプーが落ちていません。	香波 没有 冲 干净。
シャンボー メェイヨウ チョンー ガンジンー	Xiāngbō méiyǒu chōng gānjìng

このあたりを洗ってください。	请 洗 一下 这儿。
チンー シー イーシャー ジゥル	Qǐng xǐ yíxià zhèr

第7章

第7章／滞在生活をアシストする短いフレーズ

医療に関する短いフレーズ

CDトラック II-47

病院に行く

[医者]を呼んでください。
チン― ジァオ [イーシャン―]
请 叫 [医生]。
Qǐng jiào [yīshēng]

交換単語
- [救急車] ▶ ジュフウチゥ …… [救护车] jiùhù chē
- [看護師] ▶ フウシー …… [护士] hùshi
- [家族] ▶ ジァレン …… [家人] jiā rén

[病院]に連れて行ってください。
チン― ダイ ウォー チュー [イユゥン]
请 带 我 去 [医院]。
Qǐng dài wǒ qù [yīyuàn]

どのくらい待ちますか？
ヤオ ダン― ドゥオジュウ
要 等 多久？
Yào děng duōjiǔ

[予約]が必要ですか？
ヤオ [ユィユエ] マ
要 [预约] 吗？
Yào [yùyuē] ma

保険が使えますか？
クーイー ヨン― バオシェン マ
可以 用 保险 吗？
Kěyǐ yòng bǎoxiǎn ma

症状を伝える

ここが痛いです。
→ ジュル タンー

这儿 疼。
Zhèr téng

交換単語
- [おなか] ▶ ドウズ …………… [肚子] dùzi
- [胃] ▶ ウェイ …………… [胃] wèi
- [頭] ▶ トウ …………… [头] tóu
- [腰] ▶ ヤオ …………… [腰] yāo

[昨日]から痛みます。
→ ツォンー [ジュオティエン] カイシー タンー ダ

从 [昨天] 开始 疼 的。
Cóng [zuótiān] kāishǐ téng de

気分が悪いです。
→ ブー シュウフー

不 舒服。
Bù shūfu

吐き気がします。
→ シァンー トゥ

想 吐。
Xiǎng tù

風邪をひきました。
→ ガンマオ ラ

感冒 了。
Gǎnmào le

熱があるようです。
→ ハオシァンー ファーシァオ ラ

好像 发烧 了。
Hǎoxiàng fāshāo le

第7章／滞在生活をアシストする短いフレーズ

咳が出ます。 クーソゥ	咳嗽。 Késou
食欲がありません。 メェイヨウ シーユイ	没有 食欲。 Méiyǒu shíyù
便秘（下痢）をしています。 ダービェン ブートンー（ラー ドゥーズ）	大便 不通（拉 肚子）。 Dàbiàn bùtōng (lā dùzi)
ねんざしたようです。 ハオシァンー ニィゥシァンー ラ	好像 扭伤 了。(どうも／ねんざ) Hǎoxiàng niǔshāng le
かゆいです。 ヘン ヤンー	很 痒。(かゆい) Hěn yǎng
しっしんが出ています。 チゥー シージェン ラ	出 湿疹 了。 Chū shīzhěn le
少し良くなりました。 ハオ イーディアール ラ	好 一点儿 了。(少し) Hǎo yìdiǎnr le
治るまでどのくらいかかりますか？ ドゥオジュウ ツァイ ナンー ハオ	多久 才 能 好？ Duōjiǔ cái néng hǎo

医療に関する

どこが悪いのですか？
→ ナール ブー シュウフ

哪儿 不 舒服？
Nǎr bù shūfu

寝ていなくてはいけませんか？
→ イーディンー ヤォ タンジゥ マ

一定 要 躺着 吗？
Yídìng yào tǎngzhe ma

風呂に入っていいですか？
→ クーイー シーザオ マ

可以 洗澡 吗？
Kěyǐ xǐzǎo ma

診断書を書いてください。
→ チンー シェ イーシャー ジゥンドゥアンシュウ

请 写 一下 诊断书。
Qǐng xiě yíxià zhěnduànshū

状況を説明する

階段で転びました。
→ ザイ ロゥティーシャンー シゥァイダオ ラ

在 楼梯上 摔倒 了。
Zài lóutīshàng shuāidǎo le

[壁]にぶつかりました。
→ ジゥアンー ダオ ［チャンシャンー］ラ

撞 到 ［墙上］了。
Zhuàng dào [qiángshàng] le

殴られました。
→ ベイー ダ ラ

被 打 了。
Bèi dǎ le

第7章／滞在生活をアシストする短いフレーズ

薬局に行く

[薬局]はどこですか？
→
[ヤオディェン] ザイ ナール

[药店] 在 哪儿?
[Yàodiàn] zài nǎr

[便秘薬]をください。
→
チンー ゲイ ウォー [ビェンミーヤオ]

请 给 我 [便秘药]。
Qǐng gěi wǒ [biànmìyào]

病気・けがに関する単語

日本語	カナ	中国語	ピンイン
[病気]	シャンビンー	生病	shēngbìng
[病院]	イーユゥエン	医院	yīyuàn
[処方箋]	ヤオファンー	药方	yàofāng
[保険証]	バオシェンジゥンー	保险证	bǎoxiǎnzhèng
[薬]	ヤオ	药	yào
[頭痛薬]	トウタンヤオ	头疼药	tóuténgyào
[痛み止め]	ジータンヤオ	止疼药	zhǐténgyào
[消毒薬]	シァオドゥヤオ	消毒药	xiāodúyào
[絆創膏]	チゥアンクーティェ	创可贴	chuàngkětiē
[包帯]	ブンダイ	绷带	bēngdài
[痛み]	タンートンー	疼痛	téngtòng
[咳]	クーソゥ	咳嗽	késou
[かゆみ]	ヤンー	痒	yǎng
[めまい]	トウユィン	头晕	tóuyūn
[吐く]	オウトゥ	呕吐	ǒutù
[食中毒]	シーウージョンドゥ	食物中毒	shíwù zhòngdú
[便秘]	ダービェンブートンー	大便不通	dàbiàn bùtōng
[下痢]	ラードゥズ	拉肚子	lā dùzi
[風邪]	ガンマオ	感冒	gǎnmào
[骨折]	グージゥー	骨折	gǔzhé
[つき指]	チゥオーシャンーシォウジー	戳伤手指	chuōshāng shǒuzhǐ
[ねんざ]	ニィゥシャンー	扭伤	niǔshāng
[やけど]	シァオシャンー	烧伤	shāoshāng
[けが]	シォウシャンー	受伤	shòushāng

身体部位を表す 単語

- [髪] トウファー ……… 头发 tóufa
- [眉] メェイマオ ……… 眉毛 méimao
- [目] イェンジン― …… 眼睛 yǎnjing
- [耳] アールドゥオ …… 耳朵 ěrduo
- [鼻] ビーズ …………… 鼻子 bízi
- [歯] ヤーチ …………… 牙齿 yáchǐ
- [唇] ヅゥイチュウン … 嘴唇 zuǐchún
- [口] コウ ……………… 口 kǒu
- [のど] サンズ／ホゥロン― … 嗓子／喉咙 sǎngzi/hóulong
- [ほほ] リエンジァ ……… 脸颊 liǎnjiá

- [手] シォウ …………… 手 shǒu
- [爪] ジージァ ………… 指甲 zhǐjiā
- [指] シォウジー ……… 手指 shǒuzhǐ

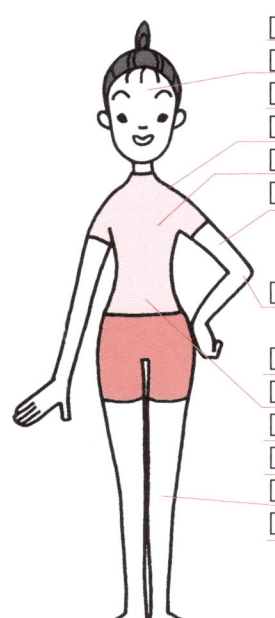

- [頭] トウ …………… 头 tóu
- [顔] リェン ………… 脸 liǎn
- [首] ボーズ ………… 脖子 bózi
- [肩] ジェンバン― …… 肩膀 jiānbǎng
- [胸] シォン― ……… 胸 xiōng
- [腕] グーボ ………… 胳膊 gēbo
- [肘] グーボジォウズ
   …………… 胳膊 肘子 gēbo zhǒuzi
- [背中] ホゥベイ ……… 后背 hòubèi
- [腹] ドゥズ ………… 肚子 dùzi
- [腰] ヤオ …………… 腰 yāo
- [尻] ピグ …………… 屁股 pìgu
- [膝] シーガイ ……… 膝盖 xīgài
- [足] ジァオ ………… 脚 jiǎo

第7章／滞在生活をアシストする短いフレーズ

トラブルに関する ▶▶▶▶ 短いフレーズ

CDトラック II 48→49

窮状を訴える

助けて！
ジィウミンー ア

救命 啊！
Jiùmìng a

どうしました？
ヅェンマ ラ

怎么 啦？
Zěnme la

大丈夫ですか？
ブー ヤォジン バ

不 要紧 吧？
Bú yàojǐn ba

[救急車]を呼んでください。
チンー ジァオ［ジィウフウチゥ］

请 叫［救护车］。
Qǐng jiào ［jiùhùchē］

[110番]してください。
チンー ダー［ヤオ ヤオ リンー］

请 打［一 一 零］。
Qǐng dǎ ［yāo yāo líng］

❗ 中国でも警察への緊急電話は、日本と同じ「110番」です。救急車を呼ぶ場合は、「120番」になります。

256

CD 48 トラブルに関する

どうすればいいですか？ ↓ ヅェンマ バン ナ	怎么 办 呢？ Zěnme bàn ne
どこで失くしたか覚えていません。 ↓ ウォー ワンー ラ ディウ ザイ ナール ラ	我 忘了 丢 在 哪儿 了。 Wǒ wàng le diū zài nǎr le
だまされました。 ↓ ウォー ベイ ピェン ラ	我 被 骗 了。 Wǒ bèi piàn le
あの人が犯人です。 ↓ ナーグ レン シー ファンレン	那个 人 是 犯人。 Nàge rén shì fànrén
ここに連絡してください。 ↓ チンー ゲン ジュル リェンシー	请 跟 这儿 联系。 Qǐng gēn zhèr liánxì
[家族]に連絡してください。 ↓ チンー ゲン [ジャレン] リェンシー	请 跟 [家人] 联系。 Qǐng gēn [jiārén] liánxì

第7章

交換単語
- [会社] ▶ ゴンス …………………… [公司] gōngsī
- [大使館] ▶ ダーシーグァン ………… [大使馆] dàshǐ guǎn
- [警察] ▶ ジンチャー ………………… [警察] jǐngchá

第7章／滞在生活をアシストする短いフレーズ

盗難／紛失

泥棒！
→ ジゥア シァオトウ

抓 小偷！
Zhuā xiǎotōu
（つかまえる／どろぼう）

[財布]を盗まれました。
→ [チェンバオ] ベイ トウ ラ

[钱包] 被 偷 了。
[Qiánbāo] bèi tōu le
（財布／盗む）

[かばん]をひったくられました。
→ [バオ] ベイ チァンー ラ

[包] 被 抢 了。
[Bāo] bèi qiǎng le
（かばん／ひったくる）

[荷物]が失くなりました。
→ [シンリ] ディウ ラ

[行李] 丢 了。
[Xíngli] diū le
（荷物／失う）

[パスポート]を失くしました。
→ [フウジァオ] ディウ ラ

[护照] 丢 了。
[Hùzhào] diū le
（パスポート）

[鍵]を落としたみたいです。
→ [ヤオシ] ディウ ラ

[钥匙] 丢 了。
[Yàoshi] diū le
（鍵）

[切符]が見つかりません。
→ [チゥピァオ] ジァオブダオ ラ

[车票] 找不到 了。
[Chēpiào] zhǎobudào le
（切符）

事故

[交通]事故です。
→
[ジァオトンー] シーグ

[交通]事故。
[Jiāotōng] shìgù

[車]をぶつけました。
→
ジュアンー [チゥ] ラ

撞[车]了。
Zhuàng [chē] le

[車]にぶつけられました。
→
ウォー ベイ [チゥ] ジュアンー ラ

我 被[车]撞 了。
Wǒ bèi [chē] zhuàng le

[けが]をしています。
→
[シォウシァンー] ラ

[受伤]了。
[Shòushāng] le

あまり動かさないでください。
→
チンー ブー ヤォ ドンー

请 不 要 动。
Qǐng bú yào dòng

信号無視です。
→
ウーシー シンハオ

无视 信号。
Wúshì xìnhào

スピードは出していません。
→
メェイヨウ チャオスゥ

没有 超速。
Méiyǒu chāosù

第7章／滞在生活をアシストする短いフレーズ

火災

火事だ！
→ ジァオフゥオ ラ

着火 啦！
Zháohuǒ la
（火事になる）

ガス臭い！
→ ヨウ メェイチー ウェール

有 煤气 味儿！
Yǒu méiqì wèir
（ガス）（におい）

[消防車]はまだですか？
→ [ジィウフゥオチゥ] ハイ メェイ ダオ マ

[救火车] 还 没 到 吗？
[Jiùhuǒchē] hái méi dào ma

> 日本国内では「火事、救急」とも「119番」なのに対して、中国では火事が「119番」、救急が「120番」と分かれています。

届け出

駐車違反ですか？
→ シー ウェイジャンー ティンチゥ マ

是 违章 停车 吗？
Shì wéizhāng tíngchē ma
（違反）（駐車する）

事故を起こしました。
→ チゥ シーグ ラ

出 事故 了。
Chū shìgù le

[かばん]を失くしました。
→ [バオ] ディゥ ラ

[包] 丢 了。
[Bāo] diū le

トラブルに関する

[腕時計]を盗まれました。
→ [シォウビァオ] ベイ トゥ ラ

[手表] 被 偷 了。
[Shǒubiǎo] bèi tōu le

交換単語
- [財布] ▶ チェンバオ …………… [钱包] qiánbāo
- [お金] ▶ チェン …………… [钱] qián
- [カメラ] ▶ ジァオシャンジー …… [照相机] zhàoxiàngjī
- [パスポート] ▶ フウジァオ …… [护照] hùzhào
- [カード] ▶ シンヨンカー …… [信用卡] xìnyòng kǎ

[盗難届]を出しに来ました。
→ ウォー ライ ジァオ [ダオシーダン]

我 来 交 [盗失单]。
Wǒ lái jiāo [dàoshīdān]

❗ 日本では、「紛失」と「盗難」とでは、警察への届け出、手続きが異なりますが、中国ではそのような明確な区別はありません。「盗難及び紛失届」というような兼用の書式になっています。

[パスポート]を紛失しました。
→ [フゥジァオ] ディウ ラ

[护照] 丢 了。
[Hùzhào] diū le

[再発行手続き]をお願いします。
→ チンー バンリー [チョンファー ショウシュー]

请 办理 [重发 手续]。
Qǐng bànlǐ [chóngfā shǒuxù]

カード使用を止めてください。
→ チンー バンリー ティンヨンー ショウシュー

请 办理 停用 手续。
Qǐng bànlǐ tíngyòng shǒuxù

第7章

●自分の名前を中国語で表現する●

　中国語では、日本の人名を表現するときには漢字をそのまま、あるいは、同じ字の簡体字を用いて、それぞれの字を中国語の発音にします。中国の人名を、日本では日本の漢字の読み方にするのと、ちょうど反対の方法です。これは姓だけではなく、名前でも同様ですが、ひらがなやカタカナで表記される名前の場合、意味が近い字や、好きな任意の字に置き換えて中国語の読み方にします。音が似ている字を当てはめることもあります。

　また、日本人の姓や名前に用いられている漢字が、中国語にない場合もあります。その際、例えば「畑」→「田」、「辻」→「十」のように字の一部だけを用いたり、「粂」→「久米」のように元の字を分解したりすることもあります。

　以下に、日本人の代表的な姓（200）、主な男性名（72）、女性名（40）をそれぞれ50音順に掲載しました。日本人の名前の中国語表現例として、参考にしてください。

姓
（50音順）

青木 チンムー	青木 Qīngmù
秋山 チウシャン	秋山 Qiūshān
浅野 チェンイェ	浅野 Qiǎnyě
東 ドン―	东 Dōng
阿部 アーブ	阿部 Ābù
新井 シンジン―	新井 Xīnjǐng
荒井 ホァンジン―	荒井 Huāngjǐng
荒木 ホァンム	荒木 Huāngmù
安藤 アンタン―	安藤 Ānténg
飯田 ファンティエン	饭田 Fàntián
五十嵐 ウーシーラン	五十岚 Wǔshílán
池田 チーティエン	池田 Chítián
石井 シージン―	石井 Shíjǐng
石川 シーチュァン	石川 Shíchuān
石田 シーティエン	石田 Shítián
石橋 シーチァオ	石桥 Shíqiáo
石原 シーユェン	石原 Shíyuán
市川 シーチュァン	市川 Shìchuān
伊藤 イータン―	伊藤 Yīténg
伊東 イードン―	伊东 Yīdōng
井上 ジンシャン―	井上 Jǐngshàng
今井 ジンジン―	今井 Jīnjǐng

付録・自分の名前を中国語で表現する

岩崎 イェンチー	岩崎 Yánqí	岡本 ガンベン	冈本 Gāngběn
岩田 イェンティェン	岩田 Yántián	小川 シァオチュァン	小川 Xiǎochuān
岩本 イェンベン	岩本 Yánběn	奥村 アオツン	奥村 Àocūn
上田 シャンティェン	上田 Shàngtián	尾崎 ウェイチー	尾崎 Wěiqí
上野 シャンイェ	上野 Shàngyě	小田 シァオティェン	小田 Xiǎotián
内田 ネイティェン	内田 Nèitián	小野 シァオイェ	小野 Xiǎoyě
内山 ネイシャン	内山 Nèishān	片山 ピェンシャン	片山 Piànshān
遠藤 ユゥェンタンー	远藤 Yuǎnténg	加藤 ジァタンー	加藤 Jiāténg
大石 ダーシー	大石 Dàshí	金子 ジンズ	金子 Jīnzǐ
大久保 ダージィウバオ	大久保 Dàjiǔbǎo	鎌田 リェンティェン	镰田 Liántián
大島 ダーダオ	大岛 Dàdǎo	川上 チュァンシァンー	川上 Chuānshàng
太田 タイティェン	太田 Tàitián	川口 チュァンコウ	川口 Chuānkǒu
大谷 ダーグウ	大谷 Dàgǔ	川崎 チュァンチー	川崎 Chuānqí
大塚 ダーヅォンー	大冢 Dàzhǒng	河野 ホゥイェー	河野 Héyě
大西 ダーシー	大西 Dàxī	川村 チュァンツン	川村 Chuāncūn
大野 ダーイェ	大野 Dàyě	菅野 ジェンイェ	菅野 Jiānyě
大橋 ダーチァオ	大桥 Dàqiáo	菊地 ジュディー	菊地 Júdì
大森 ダーセン	大森 Dàsēn	菊池 ジュチー	菊池 Júchí
岡 ガンー	冈 Gāng	北村 ベイツン	北村 Běicūn
岡崎 ガンチー	冈崎 Gāngqí	木下 ムーシァー	木下 Mùxià
岡田 ガンティェン	冈田 Gāngtián	木村 ムーツン	木村 Mùcūn

263

工藤 ゴンテゥー	工藤 Gōngténg	佐野 ヅゥオイエ	佐野 Zuǒyě
久保 ジィウバオ	久保 Jiǔbǎo	沢田 ヅゥティエン	泽田 Zétián
久保田 ジィウバオティエン	久保田 Jiǔbǎotián	篠原 シァオユゥエン	筱原 Xiǎoyuán
熊谷 シォングゥ	熊谷 Xiónggǔ	柴田 チャイティエン	柴田 Cháitián
栗原 リーユゥエン	栗原 Lìyuán	島田 ダオティエン	岛田 Dǎotián
黒田 ヘイティエン	黑田 Hēitián	清水 チンシゥェイ	清水 Qīngshuǐ
小池 シァオチー	小池 Xiǎochí	菅原 ジェンユゥエン	菅原 Jiānyuán
小島 シァオダオ	小岛 Xiǎodǎo	杉本 シャンベン	杉本 Shānběn
後藤 ホゥタンー	后藤 Hòuténg	杉山 シャンシャン	杉山 Shānshān
小西 シァオシー	小西 Xiǎoxī	鈴木 リンムー	铃木 Língmù
小林 シァオリン	小林 Xiǎolín	須藤 シュータンー	须藤 Xūténg
小松 シァオソンー	小松 Xiǎosōng	関 グァン	关 Guān
小山 シァオシャン	小山 Xiǎoshān	高木 ガオムー	高木 Gāomù
近藤 ジンタンー	近藤 Jìnténg	高田 ガオティエン	高田 Gāotián
斎藤 ジャイタンー	斋藤 Zhāiténg	高野 ガオイエ	高野 Gāoyě
斉藤 チータンー	齐藤 Qíténg	高橋 ガオチァオ	高桥 Gāoqiáo
酒井 ジィウジンー	酒井 Jiǔjǐng	高山 ガオシャン	高山 Gāoshān
坂本 バンベン	坂本 Bǎnběn	田口 ティエンコウ	田口 Tiánkǒu
桜井 インジンー	樱井 Yīngjǐng	竹内 ジゥネイ	竹内 Zhúnèi
佐々木 ヅゥオヅゥオム	佐佐木 Zuǒzuǒmù	武田 ウーティエン	武田 Wǔtián
佐藤 ヅゥオタンー	佐藤 Zuǒténg	田中 ティエンジョンー	田中 Tiánzhōng

付録・自分の名前を中国語で表現する

日本語	カナ	中国語	ピンイン
田辺	ティエンビェン	田边	Tiánbiān
谷口	グウコウ	谷口	Gǔkǒu
田村	ティエンツン	田村	Tiáncūn
千葉	チェンイェ	千叶	Qiānyè
辻	シー	十	Shí
土屋	トゥウー	土屋	Tǔwū
内藤	ネイターン	内藤	Nèiténg
永井	ヨンジン	永井	Yǒngjǐng
中川	ジョンチュアン	中川	Zhōngchuān
中島	ジョンダオ	中岛	Zhōngdǎo
中田	ジョンティエン	中田	Zhōngtián
永田	ヨンティエン	永田	Yǒngtián
中西	ジョンシー	中西	Zhōngxī
中野	ジョンイェ	中野	Zhōngyě
中村	ジョンツン	中村	Zhōngcūn
中山	ジョンシャン	中山	Zhōngshān
成田	チャンティエン	成田	Chéngtián
西川	シーチュアン	西川	Xīchuān
西田	シーティエン	西田	Xītián
西村	シーツン	西村	Xīcūn
西山	シーシャン	西山	Xīshān
野口	イェコウ	野口	Yěkǒu
野田	イェティエン	野田	Yětián
野村	イェツン	野村	Yěcūn
萩原	ディユェン	荻原	Díyuán
橋本	チァオベン	桥本	Qiáoběn
長谷川	チャングウチュアン	长谷川	Chánggǔchuān
服部	フーブー	服部	Fúbù
馬場	マーチャン	马场	Mǎchǎng
浜田	ビンティエン	滨田	Bīntián
早川	ザオチュアン	早川	Zǎochuān
林	リン	林	Lín
原	ユァン	原	Yuán
原田	ユェンティエン	原田	Yuántián
樋口	トンコウ	桶口	Tǒngkǒu
平井	ピンジン	平井	Píngjǐng
平田	ピンティエン	平田	Píngtián
平野	ピンイェー	平野	Píngyě
広瀬	グァンライ	广濑	Guǎnglài
福井	フージン	福井	Fújǐng
福島	フーダオ	福岛	Fúdǎo
福田	フーティエン	福田	Fútián

付録

藤井 タンジンー	藤井 Téngjǐng	**三浦** サンプー	三浦 Sānpǔ
藤田 タンティエン	藤田 Téngtián	**水野** シュエイイエー	水野 Shuǐyě
藤本 タンベン	藤本 Téngběn	**南** ナン	南 Nán
藤原 タンユウエン	藤原 Téngyuán	**三宅** サンジャイ	三宅 Sānzhái
古川 グウチュァン	古川 Gǔchuān	**宮崎** ゴンチー	宮崎 Gōngqí
星野 シンイエ	星野 Xīngyě	**宮田** ゴンティエン	宮田 Gōngtián
堀 クウ	堀 kū	**宮本** ゴンベン	宮本 Gōngběn
本田 ベンティエン	本田 Běntián	**村上** ツンシャンー	村上 Cūnshàng
本間 ベンジェン	本间 Běnjiān	**村田** ツンティエン	村田 Cūntián
前田 チェンティエン	前田 Qiántián	**望月** ワンユエ	望月 Wàngyuè
増田 ヅンティエン	増田 Zēngtián	**森** セン	森 Sēn
松井 ソンジンー	松井 Sōngjǐng	**森田** センティエン	森田 Sēntián
松浦 ソンプー	松浦 Sōngpǔ	**森本** センベン	森本 Sēnběn
松尾 ソンウェイ	松尾 Sōngwěi	**安田** アンティエン	安田 Āntián
松岡 ソンガンー	松冈 Sōnggāng	**矢野** シーイエ	矢野 Shǐyě
松下 ソンジャー	松下 Sōngxià	**山内** シャンネイ	山内 Shānnèi
松田 ソンティエン	松田 Sōngtián	**山口** シャンコウ	山口 Shānkǒu
松原 ソンユゥエン	松原 Sōngyuán	**山崎** シャンチー	山崎 Shānqí
松村 ソンツン	松村 Sōngcūn	**山下** シャンシャー	山下 Shānxià
松本 ソンベン	松本 Sōngběn	**山田** シャンティエン	山田 Shāntián
丸山 ワンシャン	丸山 Wánshān	**山中** シャンジョンー	山中 Shānzhōng

付録・自分の名前を中国語で表現する

山本 シャンベン	山本 Shānběn	和也 ホゥイェー	和也 Héyě
横田 ヘンティェン	横田 Héngtián	勝利 シャンリー	胜利 Shènglì
横山 ヘンシャン	横山 Héngshān	清 チンー	清 Qīng
吉岡 ジーガンー	吉冈 Jígāng	健 ジェン	健 Jiàn
吉川 ジーチュァン	吉川 Jíchuān	健太郎 ジェンタイランー	健太郎 Jiàntàiláng
吉田 ジーティェン	吉田 Jítián	浩一 ハオイー	浩一 Hàoyī
吉村 ジーツン	吉村 Jícūn	浩二 ハオアール	浩二 Hào'èr
和田 ホゥティェン	和田 Hétián	康平 カンピンー	康平 Kāngpíng
渡辺 ドゥビェン	渡边 Dùbiān	聡 ツォンー	聪 Cōng
渡部 ドゥブー	渡部 Dùbù	三朗 サンランー	三朗 Sānlǎng

名前（男）
（50音順）

明 ミンー	明 Míng	茂 マオ	茂 Mào
昭 ジァオ	昭 Zhāo	淳 チュウン	淳 Chún
功 ゴンー	功 Gōng	翔 シァンー	翔 Xiáng
勲 シュン	勋 Xūn	正一 ジュンイー	正一 Zhèngyī
勇 ヨンー	勇 Yǒng	翔太 シァンタイ	翔太 Xiángtài
一郎 イーランー	一郎 Yīláng	翔平 シァンピンー	翔平 Xiángpíng
修 シュー	修 Xiū	慎吾 シェンウー	慎吾 Shènwú
和夫 ホゥフー	和夫 Héfū	進 ジン	进 Jìn
和彦 ホゥイェン	和彦 Héyán	大樹 ダーシュウ	大树 Dàshù
		大輝 ダーホイ	大辉 Dàhuī
		大輔 ダーフー	大辅 Dàfǔ

大介 ダージェ	大介 Dàjiè	浩 ハオ	浩 Hào
隆 ロンー	隆 Lóng	弘 ホンー	弘 Hóng
崇 チョンー	崇 Chóng	浩之 ハオジー	浩之 Hàozhī
拓也 トゥオイェ	拓也 Tuòyě	博之 ボージー	博之 Bózhī
拓哉 トゥオザイ	拓哉 Tuòzāi	誠 チャンー	诚 Chéng
武 ウー	武 Wǔ	正雄 ジュンションー	正雄 Zhèngxióng
正 ジュンー	正 Zhèng	勝 シャンー	胜 Shèng
辰雄 チェンションー	辰雄 Chénxióng	学 シュエ	学 Xué
達也 ダーイェー	达也 Dáyě	稔 レン	稔 Rěn
竜也 ロンイェ	龙也 Lóngyě	実 シー	实 Shí
勉 ミェン	勉 Miǎn	優 ヨウ	优 Yōu
剛 ガンー	刚 Gāng	祐介 ヨウジェ	佑介 Yòujiè
哲也 ジゥイェー	哲也 Zhéyě	雄太 ションタイ	雄太 Xióngtài
徹 チゥー	彻 Chè	悠斗 ヨウドウ	悠斗 Yōudǒu
直樹 ジシュウ	直树 Zhíshù	幸雄 シンションー	幸雄 Xìngxióng
昇 シャンー	升 Shēng	豊 フンー	丰 Fēng
正夫 ジュンフー	正夫 Zhèngfū	洋平 ヤンピンー	洋平 Yángpíng
秀雄 シュションー	秀雄 Xiùxióng	義雄 イションー	义雄 Yìxióng
秀樹 シュシュウ	秀树 Xiùshù	涼 リァンー	凉 Liáng
英樹 インシュウ	英树 Yīngshù	亮太 リァンタイ	亮太 Liàngtài
博 ボー	博 Bó	礼 リー	礼 Lǐ

付録・自分の名前を中国語で表現する

名前（女）
（50音順）

漢字	カナ	簡体字	ピンイン
愛	アイ	爱	Ài
明美	ミンメイズ	明美	Míngměi
彩	ツァイ	彩	Cǎi
悦子	ユエズ	悦子	Yuèzǐ
絵美	ホイメイ	绘美	Huìměi
恵美子	ホイメイズ	惠美子	Huìměizǐ
香織	シァンズ	香织	Xiāngzhī
和子	ホゥズ	和子	Hézǐ
京子	ジンズ	京子	Jīngzǐ
久美子	ジィウメイズ	久美子	Jiǔměizǐ
恵子	ホイズ	惠子	Huìzǐ
啓子	チーズ	启子	Qǐzǐ
幸子	シンズ	幸子	Xìngzǐ
順子	シュンズ	顺子	Shùnzǐ
純子	チュウンズ	纯子	Chúnzǐ
節子	ジエズ	节子	Jiézǐ
智子	ジーズ	智子	Zhìzǐ
直子	ジーズ	直子	Zhízǐ
直美	ジーメイ	直美	Zhíměi
浩子	ハオズ	浩子	Hàozǐ
裕美	ユイメイ	裕美	Yùměi
麻衣	マイー	麻衣	Máyī
真由美	ジェンヨウメイ	真由美	Zhēnyóuměi
真理	ジェンリー	真理	Zhēnglǐ
美香	メイシァンー	美香	Měixiāng
美貴	メイグゥイ	美贵	Měiguì
美智子	メイジズ	美智子	Měizhìzǐ
美穂	メイスゥエイ	美穂	Měisuì
美代子	メイダイズ	美代子	Měidàizǐ
恵子	ホイズ	惠子	Huìzǐ
裕子	ユイズ	裕子	Yùzǐ
優子	ヨウズ	优子	Yōuzǐ
由香	ヨウシャンー	由香	Yóuxiāng
ゆかり	ヨウジャリー	由佳里	Yóujiālǐ
由美	ヨウメイ	由美	Yóuměi
由美子	ヨンメイズ	由美子	Yóuměizǐ
洋子	ヤンズ	洋子	Yángzǐ
陽子	ヤンズ	阳子	Yángzǐ
理恵	リーホイ	理惠	Lǐhuì
玲子	リンズ	玲子	Lígzǐ

付録

● 50音引フレーズ索引 ●

・色文字のフレーズは、主語と述語の任意な組み合わせによってできるさまざまなパターンの例（第1部第5章）です。
・本書で取り上げたフレーズで固有名詞（人名や地名など）で始まるものについては、索引性を高めるために「〜」を用いて固有名詞を極力省略しました。例えば、「〜宛にファックスしました」を、あ行に収録する、という方法を採用しました。

数字

1斤（＝約500g）ください……………219
1泊いくらですか？……………………225
15分くらいで着きますよ………………201
110番してください……………………256
20日の午後ではいかがですか？………172
2kg以下なら割引料金です……………116
2階でございます………………………216
2つ目の角を右へ曲がってください……201
3時には戻ります………………………141
3時に戻る予定です………………126、208
3日間滞在する予定です………………225
3箱分の量があります…………………116
4時までに終わらせてください………142
5月から借りたいです…………………239
5時ですね………………………………173
5時にしましょう………………………173
5,000元引き出します…………………190
601号室の鍵をください………………229
6時に会いましょう……………………33

あ

空いています……………………168、195
空いていません…………………………195
青が好きです……………………………118
明日時間はありますか？………………168
明日のチケットを予約したいのですが…234
明日の天気予報はどうですか？………157
明日は楽しいでしょう…………………107
明日は晴れそうです……………………157
あそこ……………………………………47
〜宛にファックスをお送りします……123
後でまたかけます………………………206
あと20分くらいかかります……………195
あなた……………………………………48
あなたが好きです………………………151
あなたが間違っています………………96
あなたたち………………………………48
あなたと友達になれて嬉しいです……151
あなたに合わせて献立を考えておきます…179
あなたにはがっかりしました…………110
あなたの家に遊びに行ってもいいですか？…179
あなたの家族はどこにいますか？……86
あなたの嫌いなものはあれですか？……84
あなたの嫌いなものはこれですか？……84
あなたの嫌いなものはそれですか？……84
あなたの嫌いなものはどれですか？……84
あなたの探しているものはあれですか？…84
あなたの探しているものはこれですか？…84
あなたの探しているものはそれですか？…84
あなたの探しているものはどれですか？…84
あなたの品物はどこにありますか？……86
あなたの好きなものはあれですか？……84
あなたの好きなものはこれですか？……84
あなたの好きなものはそれですか？……84
あなたの好きなものはどれですか？……84
あなたの席はどこにありますか？……86
あなたのチケットはどこにありますか？…86
あなたの同伴者はどこにいますか？……86

270

あなたの荷物はあれですか？ …………84	あの品物は田中さんのものですか？ …82
あなたの荷物はこれですか？ …………84	あの品物は誰のものですか？ …………82
あなたの荷物はそれです ………………84	あの品物はどこにありますか？ ………86
あなたの荷物はそれですか？ …………84	あの品物は何ですか？ …………………82
あなたの荷物はどこにありますか？ …86	あの品物は私のものですか？ …………82
あなたの荷物はどれですか？ …………84	あの建物を入れてください ……………230
あなたの部屋はどこにありますか？ …86	あの食べ物はあなたのものですか？ …82
あなたの部屋を見てもいいですか？ …182	あの食べ物は彼女のものですか？ ……82
あなたの欲しいものはあれですか？ …84	あの食べ物は彼のものですか？ ………82
あなたの欲しいものはこれですか？ …84	あの食べ物は田中さんのものですか？ …82
あなたの欲しいものはそれですか？ …84	あの食べ物は誰のものですか？ ………82
あなたの欲しいものはどれですか？ …84	あの食べ物は何ですか？ ………………82
あなたの饅頭はあれですか？ …………84	あの食べ物は私のものですか？ ………82
あなたの饅頭はこれですか？ …………84	あのチケットはどこにありますか？ …86
あなたの饅頭はそれですか？ …………84	あの通りですか？ ………………………81
あなたの饅頭はどれですか？ …………84	あの荷物はあなたのものですか？ ……82
あなたのものではありませんか？ ……81	あの荷物は彼女のものですか？ ………82
あなたの友人はどこにいますか？ ……86	あの荷物は彼のものですか？ …………82
あなたの夢は何ですか？ ………………164	あの荷物は田中さんのものですか？ …82
あなたはいい人ですね …………………151	あの荷物は誰のものですか？ …………82
あなたは、なぜ、この学校で学ぶのですか？ …88	あの荷物はどこにありますか？ ………86
あなたは、なぜ、宿舎に帰ったのですか？ …88	あの荷物は何ですか？ …………………82
あなたはなぜ泣いたのですか？ ………88	あの荷物は私のものですか？ …………82
あなたはなぜ泣いていたのですか？ …88	あの人 ……………………………………49
あなたはなぜ泣いているのですか？ …88	あの人が犯人です ………………………257
あなたはなぜ泣かないのですか？ ……88	あの人はなぜ泣いたのですか？ ………88
あなたはなぜ泣かなかったのですか？ …88	あの人はなぜ泣いていたのですか？ …88
あなたはなぜ泣くのですか？ …………88	あの人はなぜ泣いているのですか？ …88
あなたは、なぜ、日本語を学ぶのですか？ …88	あの人はなぜ泣かないのですか？ ……88
あなたはまじめですね …………………145	あの人はなぜ泣かなかったのですか？ …88
あなたはやさしいですね ………………151	あの人はなぜ泣くのですか？ …………88
兄より弟のほうが太っています ………115	あの部屋はどこにありますか？ ………86
あのあたり ………………………………47	あの店はどうしてあんなに高いのですか？ …90
あのかばんを見せてください …………218	あの店はどうしてあんなに近いのですか？ …90
あの空港はどこにありますか？ ………86	あの店はどうしてあんなに遠いのですか？ …90
あの品物はあなたのものですか？ ……82	あの店はどうしてあんなに安いのですか？ …90
あの品物は彼女のものですか？ ………82	あの店はどうしてこんなに高いのですか？ …90
あの品物は彼のものですか？ …………82	あの店はどうしてこんなに近いのですか？ …90

あの店はどうしてこんなに遠いのですか？…90
あの店はどうしてこんなに安いのですか？…90
あの店はどうしてそんなに高いのですか？…90
あの店はどうしてそんなに近いのですか？…90
あの店はどうしてそんなに遠いのですか？…90
あの店はどうしてそんなに安いのですか？…90
あまり動かさないでください……………259
あまり驚いていません………………………108
あまり短くしないでください………………249
あまり良くないです…………………………155
雨が降りそうですね…………………………156
ありがとう（ございました）…34、104、209
あります…………………………………………30
ありません………………………………………31
歩いてどのくらいで着きますか？………201
歩けません……………………………………103
あれ………………………………………………46
あれっ！？………………………………………41
あれにします…………………………………220
あれはあなたのものですか？………………82
あれは彼女のものですか？…………………82
あれは彼のものですか？……………………82
あれは田中さんのものですか？……………82
あれは誰のものですか？……………………82
あれは何ですか？……………………………82
あれは私のものですか？……………………82
あれら……………………………………………46
あんなに遠い駅にどうして行くのですか？…91

い

いいえ……………………………31、155、171
いいお天気ですね……………………………156
いいです…………………………………………30
いいですか？…………………………………100
いいですよ………………………………35、100
いいにおい！…………………………………211
〜行きはどこから出ますか？……………194
〜行きは何番ホームですか？……………194

行きましょう…………………………………171
行きます………………………………………193
行きません……………………………………193
いくらですか？………………………39、199、218
医者を呼んでください……………………250
急いでください…………………………………98
忙しいです……………………………………155
忙しいですか？………………………………155
急ぎの仕事があります……………………142
いただきます………………………………183、211
一日中寝ています……………………………161
いつ………………………………………………76
いつから…………………………………………76
いつから借りられますか？………………240
いつからこちらにいるのですか？………153
いつから滞在しているのですか？…………77
いつ来たのですか？……………………………77
いつ頃できますか？…………………………221
いつ上海から着いたのですか？……………77
一緒に食事をしませんか？………………170
いつなら都合が良いですか？……………172
いつにしましょうか？……………………172
一歩も動けません……………………………103
いつまで…………………………………………76
いつまで滞在しているのですか？…………77
いつまで滞在できるのですか？……………77
いつもお世話になっております…124、207
いつもお電話ばかりでしたね……………132
今行きます……………………………………177
今のところはまだわかりません…………168
いらっしゃい…………………………………180
いらっしゃいませ……………………129、216
衣類乾燥機はありますか？………………247
印鑑は必要ですか？………………………190

う

うそ！……………………………………………40
疑いたくありません…………………………113

疑い始めました	113
疑います	113
疑いません	113
疑えません	113
疑っています	113
美しい	109
美しさを感じます	109
腕時計を盗まれました	261
嬉しいお誘いです	171
嬉しいです	106
うんざりです	110

え

エアコンが動きません	228、243
エアコンは付いてますか？	241
映画を観に行きませんか？	170
英語なら少しわかります	37
えーっ！ どうしよう？	41
えーと…	42
えーと、えーと…	42
駅から近いところがいいです	239
駅から遠すぎます	116
駅の中央口にしましょう	174
駅へはどう行けばいいですか？	200
駅まで近いです	116
駅まで遠いです	116
駅まで迎えに来てください	176
えっ？	42
遠慮しないで食べてください	183

お

お会いできて嬉しいです	182
おいしい！	211
おいしいお店を知りませんか？	79
おいしそうですね！	183
おうかがいしたことをお伝えください	129
大きさの制限はありますか？	202
大きすぎます	219
OK！	35
大盛りにしてください	212
おかげさまで、元気です	148
お掛けになってお待ちください	131
お金が足りません	190
お勘定をお願いします	39、213
お気を付けてお帰りください	137
贈り物用に包んでください	220
遅れそうなら連絡してください	173
遅れてすみません	176
お元気で	149
お元気でした？	148
お元気ですか？	32
起こさないでください	229
お先に（失礼します）	139
お酒は強いですか？	179
お幸せに	149
おじゃましました	185
おじゃまします	181
おすすめの演目はどれですか？	234
おすすめはどれですか？	211
お世話になりました	105
遅いチェックアウトはできますか？	225
お誕生日おめでとう	184
お茶がしたいです	43
お茶が欲しいです	43
お茶をください	43
お疲れさま（でした）	139
お疲れになったのではありませんか？	137
おっしゃるとおりです	96
おつりが違います	213
お手数をおかけしました	105
お電話ありがとうございます	209
お父さんはなぜ泣いたのですか？	88
お父さんはなぜ泣いていたのですか？	88
お父さんはなぜ泣いているのですか？	88
お父さんはなぜ泣かないのですか？	88
お父さんはなぜ泣かなかったのですか？	88

お父さんはなぜ泣くのですか？……88	買うのをやめます……………………39
驚きました………………………108	帰っていいですか？………………138
同じものをお願いします………211	帰ってください……………………103
お名前をお聞かせください……129	帰らせてください……………………98
お願いがあるのですが……………98	鍵を預かってください……………228
お願いします………………………98	鍵を落としたみたいです…………258
お入りなさい………………………141	鍵を取り替えてください…………243
おはよう（ございます）……32、138	鍵を中に置き忘れてしまいました…228
お久しぶりです……………………132	鍵をもう一つ付けてください……243
お風呂のある部屋がいいです……239	傘を持って行ったほうがいいですか…156
お待たせしてしまいました………176	火事だ！……………………………260
お待たせしました…………………131	ガスが出ません……………………242
お待ちしておりました……………131	ガス臭い！…………………………260
お土産になるものはありませんか？…218	風邪をひきました…………………251
おもしろいです……………………106	家族と一緒に暮らしたいです……164
おもちゃ売場は夜8時までです……217	家族と一緒にここに住みたいです…242
お約束いただいているでしょうか？…130	家族と過ごします…………………160
お約束はしていないのですが……128	家族に手紙を書きます……………162
おやすみなさい………………………33	家族に連絡してください…………257
お休みはいつですか？……217、247	カットをしてください……………248
お湯が出ません……………………227	悲しいです…………………………106
折り返しこちらに電話をかけてください…124	彼女……………………………………48
お料理がお上手ですね……………184	彼女がうらやましいです…………110
	彼女が通訳します…………………134
か	彼女の家族はどこにいますか？……86
カード使用を止めてください……261	彼女の嫌いなものはあれですか？…84
開演は何時ですか？………………235	彼女の嫌いなものはこれですか？…84
海外に送金したいのですが………191	彼女の嫌いなものはそれですか？…84
外貨の両替はどこでできますか？…188	彼女の嫌いなものはどれですか？…84
会議室にご案内いたします………131	彼女の探しているものはあれですか？…84
外出していて、本日は戻りません…126	彼女の探しているものはこれですか？…84
外出します…………………………229	彼女の探しているものはそれですか？…84
解説CDを貸してください………233	彼女の探しているものはどれですか？…84
快速は蘇州に止まりますか？……194	彼女の品物はどこにありますか？…86
階段で転びました…………………253	彼女の好きなものはあれですか？…84
書いてみてください…………………99	彼女の好きなものはこれですか？…84
ガイドブックはありますか？……232	彼女の好きなものはそれですか？…84
解約したいです……………………244	彼女の好きなものはどれですか？…84

彼女の席はどこにありますか？……86	彼の嫌いなものはあれですか？……84
彼女のチケットはどこにありますか？…86	彼の嫌いなものはこれですか？……84
彼女の同伴者はどこにいますか？……86	彼の嫌いなものはそれですか？……84
彼女の荷物はあれですか？……84	彼の嫌いなものはどれですか？……84
彼女の荷物はこれですか？……84	彼の探しているものはあれですか？……84
彼女の荷物はそれですか？……84	彼の探しているものはこれですか？……84
彼女の荷物はどこにありますか？……86	彼の探しているものはそれですか？……84
彼女の荷物はどれですか？……84	彼の探しているものはどれですか？……84
彼女の部屋はどこにありますか？……86	彼の品物はどこにありますか？……86
彼女の欲しいものはあれですか？……84	彼の好きなものはあれですか？……84
彼女の欲しいものはこれですか？……84	彼の好きなものはこれですか？……84
彼女の欲しいものはそれですか？……84	彼の好きなものはそれですか？……84
彼女の欲しいものはどれですか？……84	彼の好きなものはどれですか？……84
彼女の饅頭はあれですか？……84	彼の席はどこにありますか？……86
彼女の饅頭はこれですか？……84	彼のチケットはどこにありますか？……86
彼女の饅頭はそれですか？……84	彼の同伴者はどこにいますか？……86
彼女の饅頭はどれですか？……84	彼の荷物はあれですか？……84
彼女の友人はどこにいますか？……86	彼の荷物はこれですか？……84
彼女はなぜ泣いたのですか？……88	彼の荷物はそれですか？……84
彼女はなぜ泣いていたのですか？……88	彼の荷物はどこにありますか？……86
彼女はなぜ泣いているのですか？……88	彼の荷物はどれですか？……84
彼女はなぜ泣かないのですか？……88	彼の部屋はどこにありますか？……86
彼女はなぜ泣かなかったのですか？…88	彼の欲しいものはあれですか？……84
彼女はなぜ泣くのですか？……88	彼の欲しいものはこれですか？……84
彼女は私よりも身長が低いです……114	彼の欲しいものはそれですか？……84
彼女ら……48	彼の欲しいものはどれですか？……84
かばんを失くしました……260	彼の饅頭はあれですか？……84
かばんをひったくられました……258	彼の饅頭はこれですか？……84
壁にくぎを打ってもいいですか？……242	彼の饅頭はそれですか？……84
壁にぶつかりました……253	彼の饅頭はどれですか？……84
かゆいです……252	彼の友人はどこにいますか？……86
辛すぎます……213	**彼は身長が高いです**……114
軽くお酒を飲みに行きましょう……170	彼はなぜ泣いたのですか？……88
彼……48	彼はなぜ泣いていたのですか？……88
彼がかわいそうです……110	彼はなぜ泣いているのですか？……88
彼が通訳します……134	彼はなぜ泣かないのですか？……88
彼と一緒に作業してください……141	彼はなぜ泣かなかったのですか？……88
彼の家族はどこにいますか？……86	彼はなぜ泣くのですか？……88

彼ら……………………………………48	嫌いです………………………………95
関係者を呼んでまいります…………130	きれい！………………………………109
感心しました…………………………109	気を付けてください…………………143

く

感動しました…………………………109	空港までいくらくらいですか？……198
乾杯！……………………………183、211	空港まで何分くらいかかりますか？…198
頑張って（ください）………145、148	くずしてください……………………189

き

聴いてください………………………99	靴売場はどこですか？………………217
黄色が私のラッキーカラーです……118	車にぶつけられました………………259
ギターを弾くことです………………161	車をぶつけました……………………259
汚ない…………………………………109	クレジットカードでもいいですか？…221

け

貴重品は預かってもらえますか？…226	警察署はどこですか？………………200
貴重品を預かってください…………246	けがをしています……………………259
喫茶店の中で待っています…………174	結構です　（いりません）……38、94、171
喫茶店の前で待っています…………174	結婚したいです………………………165
きっと慣れるでしょう………………111	月末まで待ってください……………242
切符売場はどこですか？……………192	下痢をしています……………………252
切符が見つかりません………………258	原因がわかりますか？………………79
切符の買い方を教えてください……192	元気です………………………………32
来てください…………………………99	現金で払います………………………221

こ

気に入ったのがありません…………221	コインランドリーはどこですか？…246
記念に写真をください………………150	公演日程表はありますか？…………234
昨日から痛みます……………………251	航空便でお願いします………………203
昨日は楽しかったです………………107	口座の解約をしたいのですが………190
気分が良いです………………………107	口座をストップしてください………191
気分が悪いです…………………107、251	工場長をしてもらっています………134
キャッシュカードを作りたいです…189	交通事故です…………………………259
休暇はどのように過ごしますか？…160	コース料理だと何品くらいですか？…211
救急車を呼んでください……………256	コーヒーはまだですか？……………212
休憩時間です…………………………143	故郷に家を建てるのが夢です………165
今日のチケットはありませんか？…234	故郷に帰って商売を始めたいです…165
今日のレートはいくらですか？……188	国際電話はかけられますか？………208
今日は気温30度までなるそうです…157	ごくろうさま…………………………139
今日は楽しいです……………………107	
今日はとても楽しかったです………185	
興味がないので、お断りします……171	
今日も頑張りましょう！……………138	

付録・50音引フレーズ索引

ご結婚おめでとう	184
ここ	47
ここが痛いです	251
午後から雪が降りそうです	156
ここでいいです	199
午後なら、空いています	173
午後なら大丈夫です	169
ここに座っていいですか？	100
ここに連絡してください	257
ここはお見せできません	136
ここは撮影禁止ですか？	231
ここは立入禁止です	143
ここはどこですか？	86
ここを押すだけです	231
ご主人にはお世話になっております	182
午前中のほうが都合がいいです	169
ご退院おめでとう	184
ご担当者にお目にかかりたいのですが	129
ごちそうさま	211
ごちそうさまでした	185
こちらが管理部です	136
こちらが陳さんです	134
こちらから連絡致します	209
こちらでいいですか？	81
こちらにございます	216
小包用の箱をください	203
来ないでください	103
このあたり	47
このあたりを洗ってください	249
このカードは使えますか？	225
この機械の使い方を教えてください	191
この空港はどこにありますか？	86
この先で止めてください	199
この先に警察署がありますので、そこで聞いてください	201
この先の信号を渡って、左へ曲がればすぐです	200
この先を、どちらに曲がればいいのですか？	200
この品物はあなたのものですか？	82
この品物は彼女のものですか？	82
この品物は彼のものですか？	82
この品物は田中さんのものですか？	82
この品物は誰のものですか？	82
この品物はどこにありますか？	86
この品物は何ですか？	82
この品物は私のものですか？	82
この席は空いていますか？	195
この席はどこにありますか？	86
この食べ物はあなたのものですか？	82
この食べ物は彼女のものですか？	82
この食べ物は彼のものですか？	82
この食べ物は田中さんのものですか？	82
この食べ物は誰のものですか？	82
この食べ物は何ですか？	82
この食べ物は私のものですか？	82
このチケットはどこにありますか？	86
この手紙はいくらかかりますか？	204
この電車は世紀広場へ行きますか？	192
この通りですか？	81
この荷物はあなたのものですか？	82
この荷物は彼女のものですか？	82
この荷物は彼のものですか？	82
この荷物は3kg以上あります	115
この荷物は田中さんのものですか？	82
この荷物は誰のものですか？	82
この荷物はどこにありますか？	86
この荷物は何ですか？	82
この荷物は日本にいつ頃着きますか？	204
この荷物は私のものですか？	82
この箱を運んでください	142
この人	49
この人は私の同僚です	181
この部屋はどこにありますか？	86
この部屋は広いです	114
この部屋は私には広すぎます	114
この街の観光スポットはどこですか？	233
この店がこんなに安いのはどうしてですか？	91

この店はどうしてあんなに高いのですか？ …90
この店はどうしてあんなに近いのですか？ …90
この店はどうしてあんなに遠いのですか？ …90
この店はどうしてあんなに安いのですか？ …90
この店はどうしてこんなに高いのですか？ …90
この店はどうしてこんなに近いのですか？ …90
この店はどうしてこんなに遠いのですか？ …90
この店はどうしてこんなに安いのですか？ …90
この店はどうしてそんなに高いのですか？ …90
この店はどうしてそんなに近いのですか？ …90
この店はどうしてそんなに遠いのですか？ …90
この店はどうしてそんなに安いのですか？ …90
この者が山本です …134
このような部屋はありませんか？ …238
このように切ってください …249
コピーを取ってください …142
ごぶさたしていました …132
困ります …96
困りますね …144
ご満足いただけましたか？ …137
ごめんください …180
ごめんなさい（すみません） …34、104
ご用件をお聞きして、伝言します …126
ご用件をお願い致します …209
ご覧ください …136
これ …46
これが一番重いです …116
これが会社案内です …136
これからは気を付けてください …144
これでいいですか？ …100
これではだめですか？ …81
これに触れないでください …143
これはあなたのいらないものですか？ …82
これはあなたの嫌いなものですか？ …82
これはあなたの好きなものですか？ …82
これはあなたの欲しいものですか？ …82
これはあなたのものですか？ …82
これはいりません …220

これは彼女のものですか？ …82
これは彼のものですか？ …82
これは田中さんのものですか？ …82
これは誰のものですか？ …82
これは注文していません …212
これはどこで買えますか？ …87
これは何ですか？ …82
これは私の荷物ではありません …85
これは私の名刺です …135
これは私のものです …82
これは私のものですか？ …82
これは私のものではありません …82
これら …46
これを片付けてください …142
これをください …39、210
これを張さんに渡してください …143
これを使っていいですか？ …100
これを使ってもいいですか？ …247
これを投函したいのですが …202
こわいです …107
壊れています …220
今後ともよろしくお願いします …133
今度の日曜日、何か予定はありますか？ …169
こんなに重くては持てません …116
こんにちは …32、148、180
こんばんは …32、148、180

さ

再発行手続きをお願いします …261
財布を盗まれました …258
サイン取引にしてください …189
先に帰ります …138
作業を中断してください …143
撮影していいですか？ …101
さびしいです …106
寒くなってきましたね …158
さようなら …33、149
皿を下げてください …213

残業をしてもらえますか？	141
残念！	41
残念です	104
サンプルを持って来てください	176

し

試合を観るほうが好きです	163
次回お目にかかったときにお渡しします	135
次回は私のほうからお訪ねします	137
時間を変えてください	177
仕事で約束の時間に行けません	177
仕事はどうですか？	154
事故を起こしました	260
自信をもってお見せできるものです	137
しっかりしてください	145
しっしんが出ています	252
知っていましたか？	79
知っています	95
知っていますか？	79
失礼ですが	36
自動支払機はどこですか？	190
しばらくこちらでお待ちください	130
しばらく出かけます	140
字幕付きですか？	235
しまった！	42
写真ができたら送ります	231
シャッターを押してください	231
上海から成田までは近いですか？	77
上海で働きたいです	164
シャンプーが落ちていません	249
住所を教えてください	150
周辺の治安は良いですか？	240
趣味は何ですか？	161
順調です	154
順調ですか？	140
上映開始は何時ですか？	235
上演時間はどのくらいですか？	235
将棋を教えてください	171

少々お待ちください	125、207
消防車はまだですか？	260
食事ができるところはありますか？	225
食欲がありません	252
書道をお教えしましょう	171
知りません	38、95
知りませんか？	79
信号無視です	259
新札でください	189
信じ合っています	112
信じたい	112
信じています	112
信じます	112
信じません	112
信じられます	112
信じられません	112
診断書を書いてください	253

す

水曜日がお休みです	217
推理小説を読むのが好きです	162
好きです	95
好きなものを取ってください	183
すぐ戻ると思います	126、208
少し驚きました	108
少しでいいです	219
少しなら飲めます	179
少し良くなりました	252
ずっと家にいます	160
すばらしい	40、108
すばらしさを感じます	109
スピードは出していません	259
酢豚はありますか？	210
住まいを探してます	238
すみません	36
すみません、降ります	199
すみません、かけ間違えました	207
すみません、写真を撮ってもらえますか？	230

すみません、少し遅れます……………177
すみません、友達が来ます……………195
座ってください ……………………141
座って観られますか？……………234

せ

咳が出ます ……………………………252
先生はなぜ泣いたのですか？……………88
先生はなぜ泣いていたのですか？………88
先生はなぜ泣いているのですか？………88
先生はなぜ泣かないのですか？…………88
先生はなぜ泣かなかったのですか？……88
先生はなぜ泣くのですか？………………88
ぜんぜん飲めません ……………………179
洗濯と掃除をします ……………………162
前任の高橋の代わりに赴任しました……133

そ

そう？……………………………………40
そう思います ……………………………30
そう思いません …………………………31
そうだね！………………………………40
そうではありません ……………………144
そうでもないです ………………………155
そうなんですか？………………………80
そこ ………………………………………47
そこの電話番号を教えてください ……175
粗大ゴミはどう出すのですか？………245
そちらのファックス番号を教えてください…123
そのあたり ………………………………47
その空港はどこにありますか？…………86
その品物はあなたのものですか？………82
その品物は彼女のものですか？…………82
その品物は彼のものですか？……………82
その品物は田中さんのものですか？……82
その品物は誰のものですか？……………82
その品物はどこにありますか？…………86
その品物は何ですか？……………………82
その品物は私のものですか？……………82
そのスリッパを履いてください ………181
その席はどこにありますか？……………86
その食べ物はあなたのものですか？……82
その食べ物は彼女のものですか？………82
その食べ物は彼のものですか？…………82
その食べ物は田中さんのものですか？…82
その食べ物は誰のものですか？…………82
その食べ物は何ですか？…………………82
その食べ物は私のものですか？…………82
その男性を知っていますか？……………79
そのチケットはどこにありますか？……86
その調子です ……………………………144
その通りです ……………………………30
その通りですか？………………………81
その荷物はあなたのものですか？………82
その荷物は彼女のものですか？…………82
その荷物は彼のものですか？……………82
その荷物は田中さんのものですか？……82
その荷物は誰のものですか？……………82
その荷物はどこにありますか？…………86
その荷物は何ですか？……………………82
その荷物は私のものですか？……………82
そのニュースには怒りを覚えました……110
その人 ……………………………………49
その日は都合が悪いです ………………169
その日は用事があります ………………173
その部屋はどこにありますか？…………86
その店はどうしてあんなに高いのですか？…90
その店はどうしてあんなに近いのですか？…90
その店はどうしてあんなに遠いのですか？…90
その店はどうしてあんなに安いのですか？…90
その店はどうしてこんなに高いのですか？…90
その店はどうしてこんなに近いのですか？…90
その店はどうしてこんなに遠いのですか？…90
その店はどうしてこんなに安いのですか？…90
その店はどうしてそんなに高いのですか？…90
その店はどうしてそんなに近いのですか？…90

フレーズ	ページ
その店はどうしてそんなに遠いのですか？	90
その店はどうしてそんなに安いのですか？	90
それ	46
それで？	42
それはあなたのものですか？	82
それは送れません	204
それは彼女のものですか？	82
それは彼のものですか？	82
それは残念です	110
それは田中さんのものですか？	82
それは誰のものですか？	82
それは何ですか？	82
それは私のものですか？	82
それら	46
そろそろ、失礼します	185
そんなはずないでしょう	41

た

フレーズ	ページ
大丈夫です	172
大丈夫ですか？	80、256
大丈夫ですね？	145
タオルは売っていますか？	247
高すぎます	39、218
助けて！	256
ただ今、外出中です	125、208
ただ今、席を外しています	125
ただ今、他の電話に出ております	124
ただ今電話に出られません	209
ただ今留守にしております	209
立ってください	141
頼んだ料理と違います	212
たばこを吸って（も）いいですか？	101、213
たぶん	96
食べていいですか？	101
食べましょう！	183
食べられません	102
だまされました	257
試してもいいですか？	219
だめです	31、38、100、103
誰	49
誰があなたの家族ですか？	87
担当者がただいま参ります	131
担当者はただいま外出中です	130

ち

フレーズ	ページ
チェックアウトをお願いします	229
チェックインをお願いします	224
違います	31、144
違いますか？	81
近くに買い物ができるところはありますか？	240
チケットはどこで買えますか？	232
チケットを1枚ください	232
地図を描いてください	175
中国語のわかる者に代わります	125
中国語はわかりません	37
駐車違反ですか？	260
昼食に行ってきます	140
注文します	210
朝食は付いていますか？	225
直接お会いするのは、初めてですね	132
ちょっとおたずねします	78
ちょっと彼女についておたずねします	79
ちょっと考えさせてください	168
ちょっと待って（ください）	37、99

つ

フレーズ	ページ
ツインルームはありますか？	224
通訳を呼んでください	228
疲れました	106
突き当たりの交差点を右です	201
次です	196
次の信号の手前で止めてください	198
次は王府井ですよ	196
妻にあなたを紹介したいのです	178
つまらないです	106
つらいです	107

て

- 定食にします ……………………… 210
- ていねいに作業してください ……… 143
- 〜で降りるのがいいでしょう ……… 193
- できません ……………………… 103
- テニスが得意です ………………… 163
- 〜で〜に乗り換えてください ……… 196
- 手料理をごちそうします …………… 179
- テレビがよく映りません …………… 244
- テレビを観て過ごします …………… 160
- テレフォンカードをください ……… 208
- 手を触れていいですか？ …………… 101
- 電化製品を買いたいのですが ……… 216
- 電気がつきません ……………… 227、243
- 電車が違いますよ ………………… 193
- 伝票の書き方がわかりません ……… 189
- 電報を打ちたいのですが …………… 208
- 電話があったことを伝えてください …… 207
- 電話があったと、お伝えください …… 122
- 電話があったと伝えます …………… 126
- 電話をするように伝えます ………… 125

と

- ドアが壊れています ………………… 243
- トイレが流れません …………… 227、243
- トイレはどこですか？ ……………… 233
- トイレを使わせてください ………… 182
- 同意します ………………………… 35
- どういたしまして ……………… 34、104
- どうかしましたか？ ………………… 140
- 同行してください ………………… 151
- どうしたのですか？ …………… 36、80
- どうして、あなたはそんなに怒るのですか？ …91
- どうしました？ …………………… 256
- どうすればいい（の）ですか？ …80、257
- どうぞ上がってください …………… 180
- どうぞくつろいでください ………… 182
- どうですか？ …………………… 80、
- 盗難届を出しに来ました …………… 261
- どうもありがとうございました …… 104
- 通してください …………………… 99
- 特に予定はありません ……………… 168
- どこ ………………………… 47、76
- どこがいいですか？ ………………… 174
- どこから ………………………… 76
- どこから来たのですか？ …………… 77
- どこが私の席ですか？ ……………… 86
- どこが悪いのですが？ ……………… 253
- どこで失くしたか覚えていません …… 257
- どこで乗り換えればいいですか？ …… 196
- どこに行きたいですか？ …………… 170
- どこにお住まいですか？ …………… 153
- どこまで ………………………… 76
- どこまで行きたいのですか？ ……… 77
- どちらのご出身ですか？ …………… 153
- 撮ってあげましょうか？ …………… 230
- とてもおいしいです ………………… 184
- とても驚きました ………………… 108
- とても上手ですね ………………… 145
- 〜と2時にお約束しています ……… 128
- どのあたり ……………………… 47
- どのくらい待ちますか？ …………… 250
- どの人 …………………………… 49
- どの人があなたの同伴者ですか？ …… 86
- どの部署にご用でしょうか？ ……… 129
- どのようにカットしますか？ ……… 249
- 止まります ……………………… 194
- 止まりません …………………… 194
- 〜と申します …………………… 206
- 友達が欲しいです ………………… 94
- 友達と電話で話をします …………… 162
- 友達になってください …………… 151
- ドライヤーはありますか？ ………… 226
- トラベラーズチェックは使えますか？ …221
- トラベラーズチェックを現金に換えてください…188

トランクに荷物を入れたいのですが……198
どれ……46
泥棒！……258
どんなお仕事ですか？……154
どんな会社で働いているのですか？……154
どんよりしています……156

な

治るまでどのくらいかかりますか？……252
なかなか有能な人です……134
中身は何ですか？……204
中をご案内しましょう……136
殴られました……253
納得できません……95
何色が好きですか？……118
何か規則はありますか？……244
何かご質問はありませんか？……136
何かスポーツをしますか？……163
何をお探しですか？……216
何をしたいですか？……170
何を飲みますか？……179
なるほど！……41
何時に閉館しますか？……233
何時までですか？……217
何時まで入れますか？……246
何て言ったのですか？……37
何でもありません……34、96

に

日曜日は予定があります……169
～に着いたら教えてください……197
～に着きましたよ……197
日本円で払うことはできますか？……225
日本語のメニューはありませんか？……210
日本語版のパンフレットはありますか？……232
日本語を覚えたいです……165
日本で会いましょう……33
日本での生活には慣れましたか？……152

日本にずっといたいです……164
日本の梅雨はうっとうしいです……158
日本の冬は寒いです……157
荷物が失くなりました……258
荷物に保険をかけます……204
荷物を預かってくれませんか？……245
荷物を部屋まで運んでください……224
～によろしく……155

ね

ね！……42
ねえ、ほら……42
熱があるようです……251
寝ていなくてはいけませんか？……253
ねんざしたようです……252

の

～の探しているものはあれです……84
後ほどかけ直します……123
～の～と申します……122、128
飲めません……102
飲んでいいですか？……101
飲んでください……183

は

はい……30
配達してください……220
入っていいですか？……101
はい、～です……124、207、209
～はいらっしゃいますか？……200
はがきを5枚ください……203
吐き気がします……251
端でもかまいません……235
はじめまして……132、180
バス・トイレ付きですね？……240
恥ずかしさを感じます……111
バスケットボールの試合を観たいです……170
バスの乗り方がわかりません……192

パスポートを失く（紛失）しました……258、261	部屋を替えることはできますか？……226
はっきりしない天気ですね……………157	便秘薬をください………………………254
早く家に帰りたいです…………………165	便秘をしています………………………252
早くしてください………………………142	返品したいのですが……………………220
〜はわかりますか？……………………174	
半年で5kgも太りました……………115	**ほ**
販売部の周課長にお会いしたいのですが…128	防犯のしっかりしたところがいいです…239
パンフレットはいくらですか？………232	他の色はありませんか？………………219
パンフレットを1部ください…………232	他の者でもよろしいでしょうか？……130

ひ

ひげそりをお願いします………………248	保険が使えますか？……………………250
非常口はどこですか？…………………226	欲しいのは赤いセーターです…………118
必要ありません…………………………103	保証人は必要ですか？…………………240
ひと回り大きい服はありますか？……115	ほっといて………………………………38
暇です……………………………………155	本日は休みを取っています……………125
病院に連れて行ってください…………250	本当？……………………………………40
ひょっとしたら…………………………96	本当ですか？……………………………80

ふ

不安です…………………………………107	まあまあです（ね）………………140、155
ふ〜ん！…………………………………41	幕間の休憩はありますか？……………235
普通郵便でお願いします………………202	まけてください……………………39、218
普通預金口座を開きたいのですが……189	また会いましょう………………………149
フラッシュを使っても大丈夫ですか？…231	また明日……………………………33、139
振り込みたいのですが…………………191	また遊びに来てください………………185
風呂に入っていいですか？……………253	また後で…………………………………33
分割払いはできますか？………………221	また改めておうかがいいたします……129

へ

〜へ行くには、何駅で降りればいいですか？…193	またお越しください……………………137
〜へ行くバスはどれですか？…………193	また来ます………………………………185
へえー！すご〜い！……………………40	また後日…………………………………33
ベッドメーキングをしてください……229	まだです…………………………………96
別の日にしてもらえますか？…………169	また電話をください……………………150
部屋が暑すぎます………………………228	まだ慣れません……………………111、152
部屋でインターネットはできますか？…226	まだ日本での名刺しかありませんが…135
部屋で携帯電話はつながりますか？…226	またね……………………………………149
	また来週…………………………………33
	また連絡します…………………………150
	待ち合わせしませんか？………………172
	間違っていましたか？…………………81

| 間違っていますか？……………………81
| まっすぐ行けばいいのですか？………200
| 待っていてください………………………99
| ～まであと3駅です……………………196
| ～まであと何駅ですか？……………196
| ～まで行ってください…………………198
| ～まではいくらですか？………………194
| ～まではどのくらいかかりますか？…195
| 窓が開きません…………………………242
| 窓ガラスが割れています………………243
| 窓を開けていいですか？………………101

み

| 右手に階段がございます………………217
| 短く切ってください……………………249
| 水が止まりません………………………227
| 水漏れです………………………………243
| 水をください……………………………212
| 緑色の服は嫌いです……………………118
| みなさん……………………………………49
| 醜い………………………………………109
| 観やすい席がいいです…………………235
| みんな………………………………………46

む

| 迎えに行きます…………………………176
| 紫色はあまり好きではありません……118
| 無理です……………………………………95

め

| 名刺をいただけますか？………………135
| 名刺を彼にお渡しください……………129
| 名刺を切らしております………………135
| メーターと料金が違います……………199

も

| もういいよ…………………………………41
| もう一度お願いします……………………37

もう一度やってみてください…………144
～も一緒でいいですか？………………176
もう、うんざり…………………………110
もう帰らなければなりません…………185
もう結構（です）………………102、184
もう十分です………………38、102、184
申し訳ありません（でした）…34、104、135
もう少し遅い時間にしてください……173
もう少し早い時間にしてください……173
もう少し日当たりの良いところはないですか？…239
もう少し広い部屋はないですか？……239
もう少し待っていてください…………177
もう少し安いのはありませんか？……218
もう食べられません……………………213
もうちょっと考えます…………………221
もう慣れました……………111、152
燃えないゴミはいつ出すのですか？…245
燃えるゴミはどこに捨てるのですか？…245
もしもし……………………122、206
持ち帰っていいですか？………………101
持ち帰りたいのですが…………………213
もちろん！…………………………………35
もっと大きい袋はありますか？………115
もっと大きくしてください……………115
もっと広い部屋に替えてもらえますか？…227
もっと短くしてください………………249
もっとゆっくりお願いします……………98
問題ありません……………………………96

や

| やあ！……………………………………148
| 休みの日は何をしていますか？………160
| 家賃1000元くらいのところはありませんか？…238
| 家賃の支払いは振込ですか？…………240
| 家賃は振り込みました…………………241
| 薬局はどこですか？……………………254
| やっと慣れてきました…………………152
| 飲茶を付けてください…………………212

やめてください……………………38、103

ゆ

夕方届く予定です………………………245
夕食は付いていますか？………………225
郵便局はどこですか？…………………202
雪を見るのは初めてです………………158
ゆっくりお願いします……………………37
ゆっくりしてください……………………182

よ

良い仕事をしてくれています…………134
良い週末を！……………………………149
ようこそ（歓迎いたします）…………131
洋服は黒しか着ません…………………119
よかった！…………………………………41
預金したいのですが……………………190
預金をおろしたいのですが……………190
よくいらっしゃいました………………131
よくわかりません………………………174
予算は2000元以内です…………………238
予定があります…………………………168
予約が必要ですか？……………………250
予約している（した）〜ですが…224、248
予約をしたいのですが…………………248
〜よりお電話です………………………124
よろしくお願いします……135、181、244
読んでみてください………………………99

ら

来月からこの部屋を借ります…………241
落胆しました……………………………110

り

理解できます………………………………95
理解できません……………………………95
了解！………………………………………35
両替の窓口はどこですか？……………188

両替をお願いします……………………188
料金が高すぎます………………………199
料金はいくらですか？…………………194
領収書をください………………………199
料理が冷めています……………………212
履歴書が必要です…………………………94
隣室の物音がうるさいです……………244

る

ルームサービスをお願いします………227

れ

連絡がありましたら伝えておきますが…126

ろ

ロッカーはありますか？…………233、247

わ

わかっています……………………………94
わからないときは、私に聞いてください…145
わかりました………………………………30
わかりましたか？…………………78、140
わかります………………………………174
わかりますか？……………………………78
わかりません…………………31、94、174
わかりませんか？…………………………78
私……………………………………………48
私が…………………………………………97
私が行きます………………………………97
私が買い付け担当の佐藤です…………133
私が工場長の佐藤です…………………133
私が佐藤です……………………………132
私が新任の佐藤です……………………133
私たち………………………………………48
私と一緒に来てください…………………98
私と一緒に写真を撮ってもらえませんか？…230
私と同じようにしてください…………142
私に…………………………………………97

私にください	97
私に電話をするように伝言してください	207
私の	97
私の後について来てください	141
私の生まれ故郷に遊びに来てください	164
私の家族はどこにいますか？	86
私の嫌いなものはあれですか？	84
私の嫌いなものはこれですか？	84
私の嫌いなものはそれですか？	84
私の嫌いなものはどれですか？	84
私の車は白です	119
私の携帯電話番号は3456-7890です	173
私の故郷はもっと寒くなります	158
私の探しているものはあれですか？	84
私の探しているものはこれですか？	84
私の探しているものはそれですか？	84
私の探しているものはどれですか？	84
私の品物はどこにありますか？	86
私の好きなものはあれですか？	84
私の好きなものはこれです	84
私の好きなものはこれですか？	84
私の好きなものはそれですか？	84
私の好きなものはどれですか？	84
私のせいではありません	105
私の席はどこにありますか？	86
私の誕生会にぜひ来てください	178
私のチケットはどこにありますか？	86
私の電話番号は123-4567です	123
私の同伴者はどこにいますか？	86
私の荷物はあれですか？	84
私の荷物はこれですか？	84
私の荷物はこれではありません	85
私の荷物はそれですか？	84
私の荷物はどこにありますか？	86
私の荷物はどれですか？	84
私の母はとても小柄です	114
私の部屋に遊びに来ませんか？	178
私の部屋はどこにありますか？	86
私の欲しいものはあれですか？	84
私の欲しいものはこれですか？	84
私の欲しいものはそれですか？	84
私の欲しいものはどれですか？	84
私の饅頭はあれですか？	84
私の饅頭はこれですか？	84
私の饅頭はそれですか？	84
私の饅頭はどれですか？	84
私のものです	97
私の友人はどこにいますか？	86
私は秋が好きです	158
私は加藤です	181
私はこのあたりには詳しくありません	201
私は坦々麺が食べたいです	210
私も	97
私もそうしたいです	97
私もそうです	35
私も連れて行ってください	171
割れ物です	204

を

～をお願いします	122、206
～をご紹介します	181

著者
欧米・アジア語学センター
URL：http://www.fi.jpn.ac

1994年設立。30か国1200人のネイティブ講師を擁し、「使える外国語」の短期習得の個人指導を主軸に語学教育事業を展開。教室は東京、大阪、福岡、上海、ソウル、主な取引先は法務省、ユニセフ、JICAなど。経営母体のエフアイジャパンは、2000年に雇用・能力開発機構東京センターからモデル企業として選定。04年に神田外語キャリアカレッジ、神田外語大学と、海外研修など各種提携を結ぶ。著書に『現代中国語会話辞典』(日東書院)など。

〈本書スタッフ〉
桂東（ケイトン）
上海大学外国語学部卒、大東文化大学経済学部卒。不動産会社勤務を経て当センター中国語講師。ビジネス経験をもとに、ビジネスマン向けの短期集中クラスを担当。中国の文化、商習慣を盛り込んだ授業が好評で、映画製作の通訳、翻訳者としても活躍。

湯亦晨（タン イーチェン）
立教大学文学部英米文学科卒。上海映画撮影所勤務を経て、映画制作コーディネーター、ダイアローグコーチ、通訳。欧米・アジア語学センター中国語速修コース講師。広東語、フランス語など6か国語に堪能。各国の映画俳優を指導。自らも映画出演し、演技力には定評がある。

首藤佳央（しゅどう よしお）
明治大学経営学部卒。欧米・アジア語学センター語学事業開発部長、㈱エフアイジャパン取締役。

企画構成　竹内貴久雄（フカサワ企画）
編集　フカサワ企画
DTP　フカサワ企画／エディポット・語学書制作室
ナレーション　桂 東、湯 亦晨（中国語）　矢嶋美保（日本語）
録音　㈶英語教育協議会（ELEC）

中国語会話　すぐに使える短いフレーズ

著　者　欧米・アジア語学センター
発行者　高橋秀雄
発行所　株式会社 高橋書店
　　　　〒112-0013　東京都文京区音羽1-26-1
　　　　電話　03-3943-4525

ISBN978-4-471-11260-8　©TAKAHASHI SHOTEN　Printed in Japan

定価はカバーに表示してあります。
本書および本書の付属物の内容を許可なく転載することを禁じます。また、本書および付属物の無断複写（コピー、スキャン、デジタル化等）、複製物の譲渡および配信は著作権法上での例外を除き禁止されています。

【内容についてのご質問は「書名、質問事項（ページ、内容）、お客様のご連絡先」を明記のうえ、郵送、FAX、ホームページお問い合わせフォームから小社へお送りください。
回答にはお時間をいただく場合がございます。また、電話によるお問い合わせ、本書の内容を超えたご質問にはお答えできませんので、ご了承ください。本書に関する正誤等の情報は、小社ホームページもご参照ください。

【内容についての問い合わせ先】
　書　面　〒112-0013　東京都文京区音羽1-26-1　高橋書店編集部
　ＦＡＸ　03-3943-4047
　メール　小社ホームページお問い合わせフォームから　(http://www.takahashishoten.co.jp/)

【不良品についての問い合わせ先】
　ページの順序間違い・抜けなど物理的欠陥がございましたら、電話03-3943-4529へお問い合わせください。
　ただし、古書店等で購入・入手された商品の交換には一切応じられません。

※図書館の方へ　付属ディスクの貸出しは不可とし、視聴は館内に限らせていただいております。